Les Objectifs du Millénaire pour le Développement (OMD) face à la réalité camerounaise

5-7, rue de l'Ecole-Polytechnique, 75005 Paris

www.editions-harmattan.fr

ISBN : 978-2-343-17491-4
EAN : 9782343174914

Joseph-Éric NNOMENKO'O

Les Objectifs du Millénaire pour le Développement (OMD) face à la réalité camerounaise

Préface d'Alain FRANÇOIS

L'Harmattan

« Il faut prendre les choses par le bas comme elles sont sur le terrain et non par le haut comme on voudrait qu'elles soient sinon nous ne changeons rien. ».
Jean Monnet

Ames parents,

Feu, Norbert SEDENA MEKONGO
et Elisabeth NGO ESSOMBA

Remerciements

Nous voudrions tout d'abord adresser nos sincères remerciements aux Professeurs Muriel MAILLEFERT (Université Jean Moulin Lyon 3 et CRGA) et Alain FRANCOIS (Université de Poitiers – RURALITES) qui nous ont fortement éclairé sur les ficelles du métierdela recherche scientifique, ainsi qu'à l'ensemble des membres du Laboratoire EVS UMR - 5600 et du Centre de Recherche en Géographie-Aménagement(CRGA) de l'Université Jean Moulin Lyon 3.

Nos remerciements s'adressent ensuite à toutes les personnesqui ont contribuédirectement ou indirectement, parfois sans le savoir, à la réalisation de ce livre, en particulierChantal Eliane YETNA, Benjamine MEBEH MBO, Agnès Bernadette FOURNIER, Samuel MOMNOUGUI MBARGA, Marc Basiel Delphien SOENEN et Odile Benjamine MEBEH (épouse SOENEN).

Au final, puissent nos parents Elisabeth NGO ESSOMBA et feu, Norbert SEDENA MOKONGO trouver en ce travail, la satisfaction de nous avoir donné la vie.

Préface

Par Alain FRANÇOIS

La terre en Afrique demeure au cœur des stratégies de développement. Or, l'extrême complexité des régimes juridiques y a fait des questions foncières un champ d'études longtemps resté à l'écart des questions de gouvernance. On peut toutefois s'en étonner, car parmi les techniques d'encadrement les plus importantes dont parlait Pierre Gourou en 1970 figuraient déjà en bonne place les systèmes fonciers : « Les techniques d'encadrement seront examinées non pas dans la finesse de leurs agencements spécifiques, mais sous l'angle de leur efficacité pour le contrôle des espaces et des hommes (parmi ces techniques d'encadrement : le système foncier, et les systèmes d'administration familiaux, villageois, régionaux) ».[1]

Ainsi, penser aujourd'hui les politiques publiques en Afrique nécessite au préalable de (ré) interroger l'inscription spatiale et territoriale des sociétés pour rendre compte de la diversité et de la complexité des rapports à la terre dans un contexte marqué par les montées en puissance des préoccupations environnementales et des inégalités d'accès aux ressources. À ce titre, tout principe de « bonne gouvernance » devrait considérer l'étude des régimes fonciers comme essentielle et riche d'enseignement pour ce qu'ils nous disent de la projection au sol de l'imaginaire des groupes sociaux, de leurs pratiques des lieux et des multiples

[1] Gourou, 1970, *Leçons de géographie tropicale*, Bruxelles, Société Royale Belge de géographie, (p.99.), 450 p.

facteurs qui participent à la construction de leurs liens au sol, à la nature et au territoire.

L'objet foncier paraît être alors doté d'une valeur géographique intrinsèque dans la mesure où, à travers les règles de succession et d'héritage, à travers également la nature des droits d'accès au sol, les sociétés dévoilent des systèmes de valeurs qui fondent, régulent, codifient et, finalement, légitiment l'emprise des hommes sur la nature. Parce que les droits fonciers signent et formalisent une culture, une histoire, une époque et un projet particuliers, l'intérêt du géographe qui veut placer au centre de ses réflexions « les processus par lesquels l'action projective de la société étudiée transforme un espace naturel en un espace humain avec lequel elle s'identifie[2]» est ici pleinement justifié. Et Michel Merlet de noter à ce propos en 2010 que « Les éléments qui donnent aux droits sur la terre leur légitimité varient suivant les cultures [...]Les droits sur la terre et les ressources sont constitués comme des combinaisons d'éléments de natures différentes, que nous appellerons ici composants. Nous distinguerons trois familles de composants, en lien avec différents éléments de la nature – les ressources, l'espace, le temps – à partir desquels se construisent les pratiques sociales. Cette méthode d'analyse des droits permet de mieux comprendre comment sont répartis les droits entre les ayants droit et quelles sont les différences entre les divers régimes fonciers, suivant les cultures et l'histoire des peuples »[3].

Alain FRANÇOIS, Maître de conférences en géographie, Habilité à Diriger des Recherches, Laboratoire Ruralités (EA2252), ESPE-Université de Poitiers

---

[2] Nicolas G.O., 1984, *L'Espace originel*, Berne, Ératosthène, 313 p.

[3] Merlet M., 2010, « Les droits sur la terre et sur les ressources naturelles », in *Des fiches pédagogiques*, Comité technique « Foncier et développement », Agence Française de Développement, pp. 1-2.

Introduction générale

En septembre 2000, à New York, près de 193Etats membres de l'ONU et plus de23 organisations internationales, à travers ce qu'ils avaient alors appelé la déclaration du millénaire pour le développement, s'étaient fixés huit objectifs visant à lutter contre la pauvreté à l'échelle du monde. Concrètement, il s'agissait de : 1) Réduire l'extrême pauvreté et la faim ; 2) Assurer l'éducation primaire pour tous ; 3) Promouvoir l'égalité des sexes et l'autonomisation de la femme ; 4) Réduire la mortalité infantile ; 5) Améliorer la santé maternelle ; 6) Combattre le VIH sida, le paludisme et d'autres maladies ; 7) Préserver l'environnement ; 8) Mettre en place un partenariat pour le développement. Lors d'une rencontre bilan tenue le 22 septembre 2010 à New York, l'ancien Secrétaire général de l'ONU, Ban Ki-Moon, faisait remarquer que les avancées en termes de concrétisation sur le terrain des objectifs retenus sont insuffisantes. Selon ce dernier, cette situation est consécutive au déficit d'engagement des chefs d'États et de gouvernements. Ce manque d'engagement est perceptible au Cameroun, où l'amélioration des conditions de vie des populations ne semble pas être la priorité des décideurs publics. Sinon comment comprendre que les franges sociales les plus fragiles continuent de vivre dans des conditions extrêmement précaires, où elles font face aux difficultés existentielles à l'instar de l'approvisionnement en eau de boisson salubre et en électricité, à la difficulté de se loger qui induit la prolifération des bidonvilles et l'occupation anarchique et sans précédent des espaces urbains, etc.

En effet, l'urbanisation précaire observée au Cameroun se renforce du fait des difficultés à se loger décemment dans des ensembles métropolitains où les mécanismes spéculatifs de l'État désengagé et des standards inadaptés privent d'accès au logement une fraction considérable de la population (Mitlin, 2008 ; Deboulet, 2011). À titre illustratif, Yaoundé, capitale politique du Cameroun et deuxième plus grande ville après Douala, est constitué entre 70 et 80 % de personnes habitants les quartiers dits spontanés. Le profil des quartiers à habitat spontané de Yaoundé présente une sur densification de l'espace qui se manifeste par une forte concentration de structures à l'hectare soit environ 480 à 500 habitants par hectare. Le coefficient d'emprise du sol dépasse 60 %, les maisons sont le plus souvent construites en matériaux précaires : planches, poto-poto, et en matériaux hétéroclites de récupération (Olemba Olemba, 2011). La précarité sociale susévoquée atteste du désengagement des pouvoirs publics camerounais quant à l'élaboration de véritables politiques publiques de développement visant à améliorer les conditions de vie des catégories sociales les plus défavorisées. Dans un tel contexte de précarité, il est concrètement question pour les décideurs publics camerounais de jouer leur rôle régalien qui est d'assurer un environnement humain durable, en réduisant de façon considérable le pourcentage de la population qui n'a pas accès de façon durable à des services d'approvisionnement de base, etc.

Compte tenu du constat qui précède, l'objectif de cet ouvrage est de mettre en relief le caractère problématique de la gouvernance publique qui prévaut au Cameroun. Gouvernance caractérisée par l'impréparation, le manque de suivi et l'absence d'évaluation dans la conduite des politiques publiques. D'où la vulnérabilité des populations ; faute de solutions concrètes. Une politique publique ne saurait être élaborée sans perspectives puisque son rôle est d'apporter des solutions efficaces aux problèmes sociaux sur le long terme. Du point de vue de l'analyse des politiques publiques, la notion de problème renvoie à celle de solution ou de règlement du problème ainsi qu'aux idéaux qui les inspirent.

Clarifications conceptuelles

Politique publique

Comme l'indique Jean-Claude THOENIG (cité par Leca et Grawitz, 1985), « une politique publique est un programme d'action propre à une ou plusieurs autorités publiques ou gouvernementales. » Pour sa part, Richard SIMEON (Cité par Lemieux, 2002) disait des politiques publiques qu'« elles sont ce que les gouvernements font et pourquoi ils le font ». Yves MENY et Jean-Claude THOENIG (1989) émargent dans cette perspective puisqu'ils commencent leur ouvrage par cette affirmation : « l'étude des politiques publiques ce n'est pas autre chose que l'action des autorités publiques au sein de la société ».

D'après LASWELL et KAPLAN (Cités par Lemieux, 2002), « une politique publique est de l'ordre du projet et comprend des valeurs recherchées et des pratiques. » L'existence d'une politique publique suppose donc une cohérence entre plusieurs actions gouvernementales. Une simple décision administrative ne suffit pas à faire une politique publique. Il est à cet effet nécessaire qu'il y ait un ensemble de décisions interreliées (Kubler et Maillard, 2009). C'est ce que soulignent également ROSE et DAVIES (1994) lorsqu'ils parlent d'un programme d'action gouvernementale. L'élaboration d'une politique publique suppose l'adoption d'une approche séquentielle. Cinq étapes sont généralement retenues (Jones, 1970 ; Thoenig, 1985). Il s'agit notamment de :

1) L'*identification du problème*. Pour que l'État commence à agir sur un problème, il faut déjà qu'il connaisse son existence ;

2) La *formulation d'une politique*. Une fois le problème identifié, il faut analyser ses causes et proposer des solutions possibles ;

3) La *prise de décision*. Choisir une ou plusieurs solutions qu'on considère comme adéquates parmi celles proposées, pour intervenir sur le problème ;

4) La *mise en œuvre*. Traduire la politique retenue en actions concrètes ;

5) L'*évaluation* des résultats. Pour savoir si la politique a atteint les objectifs fixés, il faut observer les effets qu'elle a eus sur le problème, donc procéder à une évaluation de l'action. Cela permet de déterminer si la politique a du succès, ou si, au contraire, le problème subsiste auquel cas il faudra formuler une nouvelle politique (Kübler et Maillard, 2009).

L'approche séquentielle des politiques publiques évoquée en amont est le gage d'une gouvernance publique inclusive et pluri-acteurs à l'échelle d'un pays comme le Cameroun. Cette démarche, même si elle n'est pas une panacée, pourrait permettre de sortir les franges sociales défavorisées de l'état de vulnérabilité dans lequel elles se trouvent.

Vulnérabilité sociale

Le concept de « vulnérabilité » (en englobant les enjeux) exprime un degré d'exposition à l'aléa qui peut être évalué par le niveau d'endommagement constaté ou prévu. Les principaux facteurs socio-spatiaux de la vulnérabilité sont, pour la plupart, liés à la pauvreté. Pauvreté qui pousse les populations démunies, surtout dans les grandes villes, à occuper de manière anarchique les espaces dans un souci de survie.

Le concept de vulnérabilité peut concerner différents domaines. À titre illustratif, on peut parler de : vulnérabilité psychologique, de vulnérabilité économique, etc. L'analyse de la vulnérabilité s'appuie sur une description de l'impact du dommage selon différents critères : Sensibilité au dommage ; degré de dépendance ; Transférabilité, etc. Les personnes vulnérables sont celles qui sont menacées dans leur autonomie, leur dignité ou leur intégrité (physique ou psychique).

D'un point de vue historique, jusqu'aux années 1970, l'adjectif vulnérable, terme de la langue courante, et ses parents, était mobilisé, seul ou en association, dans le registre romanesque ou dans le discours théologique et la philosophie morale pour qualifier la vie humaine. Utilisé au pluriel ou/et substantivé, il forme à présent, avec ses synonymes les plus fréquents – fragile, précaire, faible –, et ses antonymes – résistant et le néologisme résilient, un ensemble de désignations et de qualifications enchevêtrées dans tous les discours publics concernant les pauvres. (Thomas, 2010).

Le champ sémantique de la vulnérabilité s'est généralisé dans les discours de savoirs sur l'exclusion et de pouvoir sur les misérables et les dépendants depuis le début du troisième millénaire. Ces termes sont employés indifféremment, les uns pour les autres ou les uns avec les autres, à propos de la question sociale des inégalités entre les riches et les pauvres ou entre les pays du Nord et ceux dits du Sud. Leur accumulation permet d'une part de rendre sensible la situation supposée des populations ainsi stigmatisées par un superlatif absolu – les plus défavorisés – et englobé en anglais sous la forme substantivée de *frailty* ou de *vulnerability*, d'autre part de la rendre intelligible et de l'analyser (Ibid).

Ceux qui l'utilisent conjuguent deux des emplois classiques de la métaphore à la fois expressif et cognitif. Les attributs dévalorisants que charrient ces clichés sont appliqués aux pauvres, jadis appelés miséreux ou misérables, hier indigents ou prolétaires et aujourd'hui exclus ou marginaux. L'essor de la métaphore de la vulnérabilité et de son envers, la résilience, dont l'emploi s'est généralisé, a été fulgurant. Sa promotion s'est d'abord opérée dans les institutions économiques internationales et dans les champs académiques des métropoles des empires décolonisés. De nouvelles thèses, dites du développement humain qui s'affirment à partir du début des années 1990 sont venues se substituer à celles de la dépendance ou du développement inégal (Ibid).

La nécessité de combattre le dénuement des populations sans ressources en leur donnant à terme les techniques de leur autosuffisance alimentaire, en les incitant à s'autonomiser de l'aide des pays riches, a été alors affirmée par les organisations internationales. Cependant le champ sémantique de la vulnérabilité n'est pas seulement omniprésent dans les discours politiques et médiatiques. Ces mots migrants relèvent également d'un jargon utilisé conjointement et au même moment tant par les experts du chiffre que par les savants des sciences sociales qui s'en font les vulgarisateurs. La rapidité de sa diffusion et avec lui des dénotations ordinaires et littéraires du terme qui stigmatisent toujours les populations auxquelles il est appliqué, s'explique par le fait que les intellectuels s'en sont emparés. Aux connotations implicites des usages politiques, ils ajoutent les leurs. Ainsi la vulnérabilité et ses corrélats de facteurs de stress et de risques, la fragilité et ses marqueurs, la précarité dénotée comme multiforme et changeante et ses sous-bassements d'imprévisibilité et parfois d'imprévoyance sont devenues, dans toutes les langues, une manière de nommer, en place d'analyser, un prêt-à-penser. Ce champ sémantique est utilisé pour caractériser à la fois des états et des processus (Thomas, 2010).

Cela étant ce travail traitera tour à tour des principes fondamentaux du concept de gouvernance (Chapitre 1), de la gouvernance urbaine au Cameroun (Chapitre 2), de la gouvernance foncière au Cameroun (Chapitre 3), et, in fine, suggèrera des alternatives pour une amélioration efficiente de l'action publique au Cameroun (Chapitre 4).

Chapitre I
Les principes fondamentaux du concept de gouvernance

Introduction

Le terme anglais « G*overnance* » tel qu'il est compris aujourd'hui a d'abord été utilisé dans le secteur privé et plus particulièrement dans le monde de l'entreprise à partir des années 70 (on parle alors de *corporate governance* ou gouvernance des entreprises). Il s'agissait, sur le plan interne, de mieux définir les pouvoirs respectifs de la direction de l'entreprise d'une part et des actionnaires de l'autre ainsi que des modalités de leur articulation en vue d'une meilleure efficacité. Sur le plan externe, il s'agissait de rechercher une meilleure participation des parties prenantes liées d'une façon ou d'une autre à l'entreprise (partenaires, commerciaux, sous-traitant etc.). Le terme est toujours très utilisé dans le monde de l'entreprise d'où il est issu, et plus particulièrement en ce qui concerne les sociétés par actions où il existe de façon récurrente un besoin de définir les pouvoirs respectifs de l'actionnariat et de la direction (Finken, 2011).

La notion de gouvernance a par la suite été étendue à d'autres domaines. Elle a par exemple été introduite dans le secteur associatif pour rendre compte du souci de faire respecter les droits et devoirs des adhérents. Mais c'est surtout dans les institutions publiques que le concept a pris ces dernières années le plus d'ampleur dans la mouvance de la révolution libérale des années 80. Selon PIERRE et PETERS (Cités par Géraldine Froger, 2006), plusieurs raisons peuvent expliquer le regain d'intérêt que connaît la notion de gouvernance durant les années 1980 et 1990, notamment les crises financières des États, le changement idéologique du politique vers la sphère marchande comme espace de régulation, la globalisation avec le développement d'institutions transnationales et la montée en puissance d'acteurs non étatiques, les critiques envers l'État et ses échecs dans la gestion des problèmes collectifs (objet de cet ouvrage), l'émergence d'une nouvelle gestion de l'action publique, le changement social et les complexités croissantes, l'importance grandissante accordée aux modes de régulation à l'échelon régional et international (ou global) (Froger, 2006).

1.1. Le concept de gouvernance et ses usages multiples

La gouvernance est un terme passe-partout, utilisé dans de nombreux contextes. Il désigne divers faits stylisés : les réseaux d'action publique, le management public, les modalités de coordination des secteurs de l'économie, les partenariats public-privé, la gouvernance d'entreprise, la bonne gouvernance, etc. (Froger, 2006).

Plusieurs approches théoriques sous-tendent le concept de gouvernance. Il serait donc vain de chercher à en faire un tour complet ou d'en rechercher la meilleure formulation. Il est sans doute bien plus utile de relever les idées et préoccupations qui transparaissent derrière cette notion.

Le Programme des Nations unies pour le Développement (PNUD) définit la gouvernance comme « l'exercice de pouvoirs économiques, politiques et administratifs pour gérer les affaires d'un pays à tous les niveaux, la somme des mécanismes, processus et institutions à travers lesquels les citoyens et les collectivités défendent leurs intérêts, exercent leurs droits légaux, remplissent leurs obligations et règlent leurs différends » (PNUD, 1997).

La Commission sur la gouvernance mondiale a une compréhension relativement proche de celle du PNUD. Elle postule à propos que « la gouvernance est la somme des différentes façons dont les individus et les institutions, publics et privés, gèrent leurs affaires communes [...]. C'est un processus continu de coopération et d'accommodement entre des intérêts divers et conflictuels. Elle inclut les institutions officielles et les régimes dotés de pouvoirs exécutoires tout aussi bien que les arrangements informels sur lesquels les peuples et les institutions sont tombés d'accord ou qu'ils perçoivent comme étant leur intérêt » (Finken, 2011).

Le livre blanc des acteurs français de la coopération (2008) conçoit la gouvernance comme « l'art de gouverner, en articulant la gestion des affaires publiques à différentes échelles de territoires, en régulant les relations au sein de la société et en coordonnant l'intervention de multiples acteurs ».

1.2. L'inclusion et la logique pluri-acteurs comme substrats du concept de gouvernance

Selon la Banque mondiale, la gouvernance désigne « l'ensemble des traditions et institutions par lesquelles le pouvoir s'exerce dans un pays avec pour objectif le bien de tous ». Cette définition lie à la fois l'exercice du pouvoir et la recherche du bien commun (Lacroix et St-Arnaud, 2012).

Pour la Commission européenne qui adapte sa définition au contexte de développement européen, « la notion de gouvernance désigne les règles, les processus et les comportements qui influent sur l'exercice des pouvoirs au niveau européen, particulièrement du point de vue de l'ouverture, de la participation, de la responsabilité, de l'efficacité et de la cohérence » (Ibid).

Selon Alain FERNANDEZ, « la gouvernance n'est autre que la mise en œuvre d'un ensemble de dispositifs (règles, normes, protocoles, conventions, contrats...) pour assurer une meilleure coordination des parties prenantes d'une organisation, chacune détenant une parcelle de pouvoir, afin de prendre des décisions consensuelles et de lancer des actions concertées[4] ».

Pour Géraldine FROGER (2006), « la gouvernance est un ensemble de mécanismes de régulation d'un système économique et social en vue d'assurer des objectifs communs (Sécurité, prospérité, cohérence, ordre, continuité du système, développement durable) ».

Selon Patrick LE GALES (2004), la gouvernance désigne « un processus de coordination d'acteurs, de groupes sociaux, de directives et d'institutions, en vue d'atteindre des objectifs définis et discutés collectivement ». La gouvernance renvoie alors à l'ensemble d'institutions, de réseaux, de directives, de réglementation, de normes, d'usages politiques et sociaux ainsi que d'acteurs publics et privés qui contribuent à la stabilité d'une société et d'un régime politique, à son orientation, à la capacité de diriger, et à celle de fournir des services et à assurer sa légitimité (Grossman et Saurruger, op.cit).

La gouvernance substitue à la coercition un cadre général de « self-directed human interaction ». L'acteur n'est plus seulement le destinataire de la norme ni sa docile cheville ouvrière. Il s'agit maintenant de l'associer d'une manière ou d'une autre à la formation de la norme, le convaincre de participer à l'élaboration de celle-ci parce qu'il peut contribuer à la rendre plus désirable et efficace (Pitseys, 2010). Cette logique renvoie à la « bonne gouvernance » qui fait appel à un ensemble de critères tels que la transparence, l'imputabilité, la stabilité politique, l'absence de violence,

---

[4]https://www.piloter.org/gouvernance-entreprise/definition-gouvernance.htm.

l'État de droit, la qualité de la réglementation, la maîtrise de la corruption, etc.

La bonne gouvernance

Apparu dans le contexte de la gouvernance autocratique[5] qui caractérisait les pays d'Afrique subsaharienne depuis les années 1960, le vocable « bonne gouvernance » a été utilisé pour la première fois par la Banque mondiale comme outil méthodologique de caractérisation de l'exercice du pouvoir dans le cadre de la gestion des ressources d'un pays en vue du développement. La gouvernance va ensuite être utilisée en tant qu'« outil politique de transformation des sociétés » (Hufty, 2007). Elle est qualifiée de « bonne gouvernance » par la Banque mondiale au début des années 1990 pour apprécier « la gestion des affaires publiques dans les pays en développement » (Froger, 2007).

La bonne gouvernance poursuit un idéal de dignité et de progrès. Elle contribue à la satisfaction des besoins vitaux des populations. Elle concourt à la promotion et au mieux-être des hommes, des femmes et des enfants, ayant pour

---

[5]Prétextant que les régimes autocratiques étaient les mieux placés pour mobiliser et organiser les ressources en vue d'assurer le développement et l'unité nationale, la classe politique a généralisé la pratique de cette forme de gouvernement dans les pays africains à partir de la seconde moitié des années soixante. Malheureusement, ces régimes n'ont pas permis d'avoir les résultats escomptés, l'Afrique subsaharienne étant caractérisée à la fin des années quatre-vingt par une détérioration des conditions de vie des populations et une instabilité de l'environnement politique (Gogue, 2001). Ces régimes ont ainsi perdu leur crédibilité et leur légitimité aussi bien sur le plan interne qu'externe. Plusieurs mouvements pour la libération de la vie politique vont ainsi voir le jour. Les pays en guerre connaissent soit une dictature implacable ou un blocage du processus démocratique. On aura ainsi des pays où le chef de l'exécutif est omniprésent et omnipotent, avec des violations fréquentes des droits de l'homme (Gogue, 2001).

vocation d'assurer à tous éducation, travail, soins, et protection sociale. Elle permet une juste répartition des richesses nationales. Elle permet à l'initiative de se développer.

La bonne gouvernance, c'est une exigence de paix et de stabilité à l'intérieur. Ce sont de bonnes règles qui renvoient à un commun vouloir de vie commune. La bonne gouvernance s'appuie sur un État ambitieux pour tous, doté d'une véritable autorité, respectée parce que respectueuse des droits fondamentaux de l'homme et des principes démocratiques : les libertés d'opinion et d'expression, l'égalité devant la justice, le refus de l'arbitraire et de la soumission du pouvoir aux règles constitutionnelles (Mono Ndjana, 2004). La bonne gouvernance est indispensable dans le contexte socio-politique camerounais actuel tant qu'elle peut garantir, même minimalement, une gouvernance intégrative.

Conclusion

Prise isolément ou flanquée d'un adjectif qualificatif la notion de gouvernance fait transparaître plusieurs éléments : 1) La participation de tous les acteurs. La gestion des affaires publiques n'est pas l'affaire des seuls gouvernements, qu'ils soient nationaux ou locaux, les processus de prise de décision devraient également impliquer le secteur associatif et le secteur privé ; 2) La responsabilité. Les élus et les titulaires de charges publiques sont tenus de répondre de leurs actes, activités et décisions et doivent assumer les conséquences de leurs défaillances ; 3) La transparence. C'est l'exigence à un libre accès de tous à des informations fiables et à jour sur les décisions et les résultats, en particulier sur les procédés par lesquels les titulaires des charges publiques sont choisis, contrôlés et remplacés ; 4) La primauté de l'intérêt public et l'équité dans la gestion et l'allocation des ressources ; 5) L'efficacité dans la gestion.

Elle implique une utilisation optimale des ressources financières, et humaines, avec notamment la mise en place de mécanisme contre la corruption et le gaspillage ; 6) La non-discrimination. Aucun groupe ne devrait être exclu des bénéfices du service public ou des centres de décision ; la réduction des inégalités entre les hommes et les femmes constitue un aspect particulier de cette préoccupation ; la non-exclusion sur la base de considérations religieuses ou ethniques en est également un thème majeur (Finken, 2011). Cette dernièrement dimension n'est pas assez visible dans l'élaboration des politiques publiques au Cameroun. Nous en voulons pour preuve l'inefficacité des politiques de planification urbaine.

Chapitre II
Gouvernance urbaine et vulnérabilité des franges sociales défavorisées

Introduction

La plupart des pays en développement notamment ceux d'Afrique subsaharienne et le Cameroun en particulier connaissent fondamentalement des problèmes liés à la planification urbaine. Cette situation est consécutive à l'accélération de la croissance de leurs populations qui induit l'envahissement anarchique et incontrôlé des espaces urbains.

L'origine de cette situation est incontestablement liée à l'incidence de la migration rural-urbain. C'est le cas dans des villes comme Yaoundé ou Douala, où les populations envahissent les zones déclarées inconstructibles : marécages, flancs de collines, bas-fonds, emprises ferroviaires, etc. Yaoundé, deuxième ville du pays après Douala, est constituée entre 70 et 80 % de personnes habitants les quartiers dits spontanés. Les maisons y sont le plus souvent construites en matériaux hétéroclites de récupération) (Olemba Olemba, 2011). Dans ces quartiers, le taux de raccordement aux réseaux d'eau potable et d'électricité est estimé respectivement à 30 et 40 %. L'assainissement, quasi individuel, est fortement marqué par une forte présence de latrines qui communiquent directement avec les puits d'eau et les cours d'eau environnants (70 à 80 % des ouvrages) (Ibid). Les maisons d'habitations y sont desservies par des sentiers de fortune (absence de planification préalable à l'installation) en terre, construite par les populations. En 2002, 51 % de ménages de la ville accèdent à leur logement par une piste de quartier (Cf. INS-CAVIE).

2.1. La planification urbaine : une question de définition

La planification urbaine ou « *city-planning* » en anglais, peut s'entendre comme l'effort pour agir de façon consistante et délibérée, ou comme un ensemble de cartes, de programmes et de déclarations politiques servant de guide à l'action publique ou privée. Bien plus, la planification urbaine peut être conçue comme l'application de la prévision pour réaliser certains objectifs pré-établis relatifs à la croissance et au développement des zones urbaines (Castells, 1969).

La planification urbaine est le résultat logique de l'urbanisme. Elle consiste à « tirer d'une connaissance du fonctionnement des villes les secrets d'une maîtrise de leur devenir ». Elle présente le fondement même de l'urbanisme, « c'est-à-dire l'idée d'une planification spatiale tendant, à partir d'une connaissance et d'une représentation aussi précise que possible de l'état de la ville, à définir les orientations de son devenir souhaitable, quartier par quartier, et les efforts corrélatifs que les autorités publiques devront faire, ainsi que les contraintes corrélatives qu'elles devront imposer aux acteurs privés (Aya Abbes Belghith, 2017).

De manière globale, la planification urbaine a pour vocation d'anticiper les évolutions futures dans un objectif de croissance inclusive et durable : 1) Elle se conçoit dans un objectif d'amélioration des conditions de vie des habitants et des usagers et de renforcement de l'inclusion et de la cohésion sociale ; 2) Elle s'appuie et interagit avec la stratégie de développement économique du territoire ; 3) Elle est un cadre de référence pour la protection et la gestion des ressources naturelles et de l'environnement : elle précise les actions pour la résilience des villes et des populations, de même que les dispositifs de prévention et de gestion des risques[6], etc.

2.2. Les raisons de l'échec des politiques publiques de planification urbaine au Cameroun

L'absence d'expression spatiale de la législation urbanistique

Bien que la loi 2004/003/du 21 avril 2004 régissant l'urbanisation au Cameroun et ses décrets d'application constitue une avancée significative en raison du caractère novateur du dispositif réglementaire, sa mise en œuvre sur le terrain se heurte encore à de réelles difficultés. Parmi ces difficultés, il y a : 1) La profonde méconnaissance des textes par la majorité des acteurs impliqués dans la gestion urbaine ; 2) Le déficit avéré de capacité des services techniques communaux à initier ou conduire l'élaboration des documents de planification urbaine ; 3) La trop grande diversité des contenus et des procédures de délivrance des actes d'urbanisme ainsi que l'absence d'harmonisation au niveau national des formulaires-types de demande d'actes d'urbanisme (Ibid).

Traitant du déficit d'expression spatiale de la législation urbanistique au Cameroun, le Professeur René Joly ASSAKO ASSAKO (2015) reconnaît que le droit de l'urbanisme en vigueur au Cameroun demande à s'inscrire avec précision sur le sol qu'il est censé régir, par l'intermédiaire des documents d'urbanisme notamment : des Schémas Directeurs d'Aménagement et d'Urbanisme (SDAU), des Plans d'Occupation du Sol (POS), des Plans Directeurs d'Urbanisme (PDU) et, le plus important de tous,

---

[6] www.pfvt.fr/fr/docman/doc-download/121.

en matière d'urbanisme réglementaire, le Cadastre (Assako Assako, 2015).

Le Professeur René Joly ASSAKO ASSAKO (2015) constate avec pertinence qu'à ce jour, la situation des documents d'urbanisme est largement déficitaire au Cameroun de façon générale, aussi bien en nature, en échelle qu'en couverture du territoire national. L'universitaire dresse l'état de la situation ainsi qu'il suit :

1) Seules quelques grandes villes disposent de schémas directeurs (Yaoundé, Douala, quelques capitales régionales). Or ces documents, à l'échelle 1/25 000, sont tellement grossiers qu'ils ne peuvent pas valablement servir à des opérations d'urbanisme réglementaire. Mais ils sont conformes à leur objectif technique, qui est de donner une orientation globale de l'utilisation du sol ;

2) Les plans directeurs locaux, de plus grande échelle datent pour la plupart des années 1980 et seules quelques villes en disposent ;

3). Dans l'ensemble, le Cadastre est dans une situation d'incertitude avérée. La volonté bien exprimée du Gouvernement de mettre sur pied un cadastre numérique bute toujours sur l'absence d'un réseau géodésique finalisé, la pose des bornes géodésiques étant seulement en cours sur toute l'étendue du territoire national.

Poursuivant son propos, le Professeur René Joly ASSAKO ASSAKO (2015) constate également que, quand bien même ces documents existeraient, il se trouve qu'ils n'ont pas suivi tout le processus qui voudrait qu'ils soient techniquement élaborés, puis validés en Conseil municipal et enfin finalisés par un texte pris par l'autorité de tutelle (le ministère de l'Administration Territoriale et de la Décentralisation), qui leur donne force de Loi, les rendant opposables aux tiers.

Concluant son argumentaire, l'auteur pose avec pertinence que « Les opérations d'aménagement conduites dans ce contexte d'absence de documents d'urbanisme valides, quelle que soit la dextérité des acteurs, présentent, dans l'absolu, un déficit de planification technique fragilisant la seule intuition du moment ne peut suffire à gérer une métropole comme Yaoundé, quelle que soit la volonté exprimée ».

Outre le Professeur René Joly ASSAKO ASSAKO, des initiatives collectives ou personnelles visant à aider les pouvoirs publics dans l'amélioration de la situation susdécrite ne manquent pas. À titre illustratif, une étude diagnostique (encore d'actualité aujourd'hui) pour la modernisation des secteurs du cadastre et des domaines au Cameroun, réalisée en novembre 2009 par la BAD et le Fonds Africains de Développement avait constaté des défaillances dans la gouvernance foncière et cadastrale au Cameroun. L'étude mettait en relief les points suivants :

- L'absence d'un cadastre national fiable ;
- L'absence d'un référentiel géodésique fiable et unique ;
- Les projets sont conçus de manière isolée, en totale ignorance les uns des autres ;
- certaines lois et décrets manquent de textes d'application (la loi n° 76/25 du 14 décembre 1976) ;
- Les moyens de la politique de déconcentration poussée pour se rapprocher des usagers afin d'assurer le gage d'opérationnalité font défaut ;
- Maintien face à la légalité affichée et défendue par les pouvoirs publics garants des droits fonciers des citoyens ;
- La titrisation comme unique politique de sécurisation foncière entraîne la non-reconnaissance des droits de nombreux exploitants qui occupent des terres selon des conventions locales ;
- Plus de 30 % des points des réseaux locaux sont détruits ou introuvables ; près de 20 % sont douteux, leur état de conservation n'inspire pas confiance quant à leur

utilisation ; en parallèle à ces réseaux, il existe une multitude de réseaux coordonnés arbitraires ou fictifs ;

- Manque de politique cartographique et cadastrale bien structurée : la couverture cartographique du territoire national camerounais reste un objectif très lointain ;
- Le plan cadastral et la matrice cadastrale tels que définis suivant les normes internationales n'existent pas ;
- Les archives du Cadastre et les Conservations foncières sont mal entretenues, non sécurisées et très mal équipées en mobiliers de rangement. Près de 50 000 dossiers de titres fonciers et registres fonciers du département du Mfoundi sont enliassés, stockés et manipulés par quatre agents dans des locaux non climatisés, mal éclairés et mal aérés n'excédant pas 30 m^2 de superficie ;
- La non-fiabilité du Cadastre a des conséquences négatives sur la tenue des livres fonciers qui n'inspirent pas confiance. En conséquence, les citoyens manifestent de plus en plus un désintérêt vis-à-vis du titre foncier ;
- Absence d'un système de coordination formalisé des activités des différents acteurs du foncier ;
- La survivance de la Commission du Cadastre fiscal et sa mue en véritable projet pose des problèmes d'ordre l'égal, institutionnel, administratif, organisationnel et technique ;
- Il n'existe pas de stratégie globale de formation et de mise à niveau permanente de l'ensemble du personnel ;
- Absence d'un cadre fiable fondé sur un réseau homogène permettant une définition et une évaluation systématique de l'ensemble des parcelles de terrain du territoire national[7].

L'échec des opérations de déguerpissement

Face à l'envahissement spontané de l'espace public, les pouvoirs publics préfèrent la solution expéditive du bulldozer

[7] https//www.afdb.org.

qu'offre l'article 5 de la loi n° 80/22 du 14 juillet 1980, plutôt qu'une approche concertée pour des alternatives aux politiques de déguerpissement qui ont montré leurs limites.

Même s'il est incontestable que les opérations de déguerpissement entreprises par l'État camerounais sont des opérations d'urbanisme, de restructuration et de rénovation de quartiers anarchiques (Assako Assako, 2015), il convient cependant de reconnaître qu'elles ne sont pas une panacée.

S'inscrivant dans la trajectoire analytique amorcée par le Professeur René Joly ASSAKO ASSAKO (2015), le Professeur André TIENTCHEU NJIAKO (2012) suggère, pour ce qui est de l'habitat spontané, cause principale du déguerpissement, deux options politiques susceptibles de s'intégrer dans le vaste champ de la politique urbaine. Dans un premier temps, l'auteur propose de prévenir l'habitat spontané à travers une législation cohérente et vulgarisée. Dans un deuxième temps, il pense qu'il est possible qu'au lieu de recourir au déguerpissement, les pouvoirs publics optent pour la réhabilitation des quartiers d'habitat spontané.

D'après cet universitaire, « c'est au prix de la combinaison de toutes les politiques, solutions et suggestions que le déguerpissement peut être évité, et partant, la rupture de l'harmonie et de l'équilibre de la société ». Nous partageons entièrement le point de vue du Professeur André TIENTCHEU NJIAKO (2012). Car, nonobstant la sévérité et l'application avec rigueur des textes élaborés par le législateur pour protéger la propriété immobilière contre les atteintes illégitimes, force est de constater l'échec de cette logique répressive ; car les multiples déguerpissements entrepris par les pouvoirs publics n'aboutissent en réalité qu'à déplacer le problème d'un secteur de la ville à un autre. On assiste par exemple à : 1) Un envahissement toujours plus croissant de la propriété foncière et domaniale par des individus sans titre de propriété ; 2) La multiplication des litiges fonciers, etc. Pour sa part, le magistrat Alexis NDZUENKEU (2005) pense que l'échec de ces politiques de déguerpissement tient à trois causes :

1) D'abord par l'état de l'environnement socio-économique qui est marqué par une poussée démographique sans cesse croissante qui provoque en campagne une importante pression sur les terres arables et en ville une crise aigüe du logement et de l'habitat, dopée par la rentabilité des placements immobiliers et la spéculation foncière à outrance. Et, faute de réponses appropriées des pouvoirs publics à cette crise, l'on assiste à un développement exponentiel de l'habitat spontané sur les terrains domaniaux, notamment dans les fonds de vallées et zones marécageuses des villes ou dans les alentours immédiats ;

2) Ensuite, les errements du système de l'immatriculation qui se traduit par la lenteur et la lourdeur consubstantielles à la procédure d'immatriculation et au manque de probité de certains agents de l'État conduisant à des immatriculations fantaisistes ;

3) Enfin, les résistances traditionnelles à la réforme foncière de 1974, conséquences de l'épineuse et éternelle question des affrontements entre droit villageois et droit moderne. Selon l'auteur, cette empreinte de l'histoire détermine fatalement la production de l'habitat urbain à tel point que les formes d'urbanisation non planifiée occupent l'essentiel des territoires des villes en développement et regroupent le plus grand nombre de leurs habitants (PRUD, 2004).

2.3. État des lieux

L'occupation anarchique de l'espace urbain : l'exemple des emprises ferroviaires dans les villes de Douala et Yaoundé

Les villes du Cameroun ont fondamentalement besoin que les politiques de planification urbaines qui s'y appliquent soient repensées en profondeur eu égard à la démographie galopante et à l'urbanisation non-maîtrisées qui les caractérisent. Cette situation a pour conséquence l'occupation anarchique de l'espace. Les zones déclarées non urbanisables sont en effet investies au quotidien par les populations. Outre les flancs de collines, les bas-fonds, les marécages, etc., l'on assiste également, depuis plusieurs années, à la densification de l'occupation anarchique des emprises[8] ferroviaires. Ce phénomène est davantage

---

[8] La construction puis l'exploitation d'une ligne ferroviaire nécessitent l'occupation de différentes surfaces de terrain. L'espace au sol occupé par le projet correspond à son emprise. On distingue deux types d'emprise selon les étapes de réalisation du projet. En phase travaux, la surface de terrain nécessaire au chantier est d'environ 100 mètres (principe général, adaptable suivant les cas particuliers).Elle est clôturée pendant la durée du chantier. Les superficies utilisées durant les travaux qui ne seront plus nécessaires à l'exploitation de la ligne seront rétrocédées à leurs propriétaires après remise en état. En phase d'exploitation, la surface du terrain strictement nécessaire au fonctionnement, à l'entretien et à la sécurité correspond à l'emprise définitive soit environ 80 mètres. Cette emprise est entièrement clôturée. Elle comprend : La plateforme de la voie ferrée, (environ 15 mètres), et, selon le profil de la voie, la zone de déblai ou de remblai nécessaire ; les voies d'accès localement aménagées pour permettre l'entretien des équipements ferroviaires (rails, signalisation, caténaires…) ; les protections acoustiques et les aménagements paysagers (Cf. Fiche thématique Emprise d'une ligne nouvelle, 2010). Au Cameroun les emprises ferroviaires font partie du domaine public artificiel (Ordonnance n°77 du 10 janvier 1977). Constituent le domaine public artificiel : Les autoroutes et une emprise de 100 mètres de part et d'autre de l'axe de la chaussée.

perceptible dans les grandes villes comme Yaoundé et Douala où l'exode rural a engendré un boom démographique.

Les centres urbains de Yaoundé et Douala sont en effet les destinations de prédilection pour les populations rurales. Le souhait d'être propriétaire ou la nécessité de se loger à bas prix pousse les migrants à rechercher des lopins de terre et des logements bon marché, quelle que soit la qualité de l'habitat ou la nature du site (Ngambi, 2015).

Le cas de la ville de Douala

Avec le fort croît démographique qui induit une rapide croissance spatiale, Douala connaît depuis plusieurs années

---

Cette emprise est réduite à 10 mètres en ville à partir du bord extérieur du trottoir ; Les routes nationales et régionales, et une emprise de 40 mètres de part et d'autre de la chaussée. Cette emprise est réduite à 10 mètres à partir du bord extérieur du trottoir dans les agglomérations et à 5 mètres en ville ; Les routes départementales et une emprise de 25 mètres à partir du bord extérieur du trottoir dans les agglomérations en en ville ; Les pistes carrossables d'intérêt local et une emprise de 10 mètres de part et d'autre de la chaussée. Cette emprise est réduite à 5 mètres dans les agglomérations et en ville ; Les pistes carrossables ; Les chemins de fer et une emprise de 35 mètres de chaque côté à partir de l'axe de la voie ; Les ports commerciaux, maritimes ou fluviaux, leurs dépendances et une emprise fixée compte tenu des études spécifiques pour chaque port ; Les ports militaires maritimes ou fluviaux, leurs dépendances et une emprise compte tenu des études spécifiques pour chaque port ; tous les ouvrages de défense terrestre, aérien, et maritime de la nation ; Les lignes téléphoniques, télégraphiques, leurs dépendances, et une emprise de 200 mètres autour des centres de télécommunication ; Les alluvions déposées en aval ou en amont d'ouvrages construits dans un but d'utilité générale ; Les monuments et édifices publics crées et entretenus par l'Etat ou les personnes morales de droit public notamment les halles, les marchés, les cimetières, les musées ; La concession des chefferies traditionnelles et les biens y afférents et plus spécialement dans les régions où la concession des chefferies est considérée comme un bien indivis de la communauté dont le chef n'a que la jouissance.

une urbanisation spontanée et anarchique sans précédent. Outre les zones marécageuses et inondables, les bas-fonds, etc., les emprises ferroviaires subissent également une forte occupation. Cette situation est perceptible dans plusieurs quartiers de la ville traversés par le rail, à l'instar de : Nkololun, Bessengue, Bonabéri, Koumassi, pour ne citer que ces quelques-uns.

La particularité de ces quartiers est qu'ils connaissent une activité commerciale très dense du fait des marchés qu'ils abritent. Parmi ces marchés, l'on peut citer entre autres : 1) le *marché des rails* qui porte bien son nom, situé au quartier Bonabéri dans l'arrondissement de Douala quatrième ; 2) le marché *Nkololun*, situé dans l'arrondissement de Douala deuxième ; 3) le marché *nouvelle gare Bessengue*, situé au quartier Mboppi dans l'arrondissement de Douala premier ; 4) le marché *Sandaga*, situé dans l'arrondissement de Douala troisième, etc.

Le long des voies ferrées qui traversent ces marchés, sont installés des vendeurs à la sauvette, des débits de boisson, des boutiques, des ateliers de couture et/ou de vannerie, des menuiseries, des dépôts de bois, etc. Les occupants mettent avant plusieurs raisons pour justifier leur présence dans ces lieux. Certains laissent entendre qu'ils s'y sont installés parce qu'ils n'ont pas pu obtenir une place à l'intérieur des marchés qui sont saturés.

En revanche, d'autres évoquent le fait qu'ils auraient été chassés de la voie publique par des agents municipaux de la communauté urbaine de Douala (CUD) et par les forces de l'ordre. Pour attester de la légitimité de leur présence sur ces lieux, plusieurs « commerçants des rails » invoquent les descentes quotidiennes des percepteurs de la CUD qui viendraient très souvent collecter des droits de place. Ce que récusent les agents municipaux rencontrés à la CUD de Douala. A contrario, d'après ces autorités municipales, le délégué du gouvernement travaillerait plutôt en étroite collaboration avec les autorités administratives depuis très longtemps pour chasser ces occupants « indélicats ».

Un peu plus loin des marchés, mais toujours le long des rails, à l'instar du lieu-dit Nangah, on trouve des maisons d'habitation qui abritent des familles entières. Les maisons, pour la plupart, sont construites avec des matériaux de récupération : planches, blocs de terre, poto-poto, etc. À côté de ces masures, se trouve toute une série de maisons identiques construites en parpaings. Ces maisons, pour la plupart, sont occupées par les descendants d'anciens employés de la défunte Regifercam. Plusieurs familles y sont installées depuis plus de 30 ans, au point d'avoir conclu qu'elles sont chez elles, et surtout sur leurs terres. Sauf que plusieurs sont incapables de brandir le moindre titre de propriété. La situation de la ville de Yaoundé est analogue à celle de la ville de Douala.

Le cas de la ville de Yaoundé

À l'image de Douala, les emprises ferroviaires de la ville de Yaoundé connaissent elles aussi leur lot de misère du fait de leur occupation incontrôlée par des populations en quête d'habitation. Cette situation est fondamentalement induite par la densification du phénomène migratoire et par le taux de pauvreté élevé que connaît cette ville. Outre les flancs de collines, les marécages, etc., les emprises ferroviaires connaissent elles aussi un taux d'occupation assez dense ces dernières années. Le phénomène est davantage perceptible dans les quartiers traversés par le rail. C'est le cas des quartiers Elig-Edzoa, Obobogo, Mvog-Ada (pont de la gare), etc.

L'un de ces quartiers, notamment le quartier Elig-Edzoa, célèbre pour son marché quasi installé sur les rails, a la triste réputation d'enregistrer régulièrement des accidents. Ce fut le cas le 8 mars 2017. Accident qui avait été perpétré par un train de travaux de l'entreprise Camrail revenant d'un chantier de renouvellement de la voie à l'entrée de la ville. Accident qui avait fait plusieurs morts, du fait de la dense occupation de ces voies.

Un peu plus loin du marché, toujours le long des rails, on trouve des maisons d'habitation, des dépôts de bois, des débits de vente de boissons traditionnelles à l'instar du bil-bil, vendu par des ressortissants tchadiens et des zones septentrionales du pays. La consommation incontrôlée de cette boisson réputée pour sa forte teneur en alcool, est à l'origine de nombreux accidents recensés dans cette zone de la ville, notamment sur le rail. En effet, nombreux, après avoir ingurgité cette boisson, s'allongent très souvent sur le rail dans un état d'ivresse extrême. D'où les corps déchiquetés très souvent retrouvés en ces lieux.

Nonobstant la différence de degré, l'accident survenu sur la voie ferrée au quartier Elig-Edzoa le 8 mars 2017, n'est pas sans rappeler celui qui avait fait plus de 250 morts, survenu le 14 février 1998au quartier Nsam à Yaoundé. En effet, le quartier Nsam fut le théâtre d'une catastrophe pétrolière qui s'était produite suite à la collision de deux wagons-citernes transportant de l'essence de la Société Camerounaise de Dépôt Pétroliers (SCDP). Le 14 février 1998, au lieu-dit Dakar-en bas, du fait de la présence en ces lieux des cuves de la Société camerounaise des dépôts pétroliers, un train faisant la manœuvre voit un de ses wagons pleins de carburant se détacher pour aller cogner un autre wagon. Les wagons qui se renversent, laissent alors échapper l'essence qu'ils transportaient. Pendant près de quatre heures, les populations venant des alentours du lieu de l'accident et même d'ailleurs, se ravitaillent sans se soucier du danger. L'irréparable va se produire lorsque le feu s'invite à la « fête », transformant les lieux en un gigantesque brasier alimenté par plus de 100 000 litres d'essence. À l'arrivée, ce sera plus de 250 morts et de nombreux brûlés disséminés à travers différents centres de santé de la place (Cf. Daily Retro CMR).

Cette situation aurait pourtant pu être évitée si toutes les mesures sécuritaires avaient été anticipées. Car on comprend mal qu'un dépôt de carburant qui, aux dires des experts, pourrait embraser toute la capitale, soit implanté au cœur des habitations. Les autorités, pour se justifier, ont expliqué qu'en son temps, le dépôt fut créé bien loin des maisons. L'urbanisation anarchique aurait donc permis l'installation des populations avec la complicité de ces mêmes pouvoirs publics accusés d'avoir laissé faire. Pour tenter de résoudre le problème, le gouvernement qui avait le choix entre délocaliser les installations de la SCDP et déguerpir les riverains, avait pourtant opté pour la seconde solution, moins onéreuse à ses yeux. Car délocaliser la SCDP pour un nouveau site nécessitait plusieurs dizaines de milliards, pour acquérir un nouveau site, le viabiliser, l'équiper en cuves et surtout le relier à la voie ferrée ; alors que deux ou maximum trois milliards indemniseraient et recaseraient les riverains (Mombio, 2015). Cependant que valent tous ces millions s'il faut préserver des vies humaines ?

Les pouvoirs publics camerounais sont fondamentalement peu prévenants ; car ils sont du mal à jouer leur rôle du point de vue de la prévention de la survenue des catastrophes, notamment des catastrophes ferroviaires. Il est pourtant urgent que l'État mette sur pied une véritable politique d'assainissement des emprises ferroviaires qui devrait commencer par le changement des mentalités à travers la sensibilisation des populations sur les risques auxquels elles s'exposent en occupant les emprises ferroviaires, puis leur proposer des alternatives de relogement. Il ne s'agit pas de les déguerpir manu-militari comme cela est très souvent le cas. Car les politiques de déguerpissement ont, comme évoqué en amont, montré leurs limites.

2.4. Les difficultés d'approvisionnement en eau de boisson salubre

Dans plusieurs localités du Cameroun, l'accès à l'eau potable relève d'un véritable parcours du combattant. Dans les grandes villes où ce problème se pose avec acuité depuis des années, les principales victimes sont les populations défavorisées qui habitent très souvent les quartiers pauvres (à l'instar des bidonvilles), et qui n'ont pas les moyens de s'offrir des châteaux d'eau comme le font les couches sociales aisées qui habitent les quartiers huppés.

Dans la ville de Yaoundé en guise d'exemple, ce phénomène s'observe au quotidien dans plusieurs quartiers défavorisés à l'instar de : Ekounou, Nyom, Mendong (au lieu-dit mille escaliers), Nkolmesseng, etc. Tous les jours en effet, chargés de bouteilles, de bidons et d'autres types d'ustensiles, les habitants de ces quartiers parcourent des dizaines de kilomètres à la recherche de l'eau potable. Et, faute de mieux, plusieurs s'approvisionnent dans des puits parfois non traités. En saison des pluies, plusieurs se contentent de l'eau de pluie parfois recueillie de façon insalubre. À la question de savoir si elles (ces populations) n'avaient pas peur de tomber malade, certaines personnes nous ont répondu en ces termes :

> « Mon frère, est-ce que nous avons le choix ? Si on ne boit pas ça on va alors boire quoi ? C'est Dieu seul qui nous protège. Ça ne date pas d'aujourd'hui, on vit comme ça depuis des années. Qui sommes-nous dans ce pays pour qu'on se soucie de nous ? »

Nonobstant la protection divine invoquée en amont, nous nous sommes aperçus que beaucoup d'habitants de ces quartiers, les enfants en particulier, souffrent de maladies hydriques liées à la mauvaise qualité de l'eau.

L'approvisionnement en eau potable au Cameroun est fondamentalement problématique. Preuve si il en est encore besoin que les politiques publiques dans ce domaine relèvent d'une véritable planification en chambre. Sinon comment comprendre que des populations passent des semaines, des mois, voire des années, sans eau et que cela ne choque pas les décideurs publics qui se contentent depuis des années de solutions ponctuelles.

Comment comprendre que malgré la construction de barrages hydroélectriques dans le cadre des projets dits structurants, que l'eau potable vienne à manquer ? Comment comprendre que malgré l'existence de tout un ministère dédié à l'approvisionnement en eau, que des gens souffrent de la soif ? Comment comprendre que dans un pays qui aspire à être émergent à l'horizon 2035, que les problèmes d'approvisionnement en eau potable ne soient pas véritablement adressés et/ou mis à l'agenda des décideurs publics ?

Du point de vue de l'analyse des politiques publiques, le décideur est un acteur clé de la gouvernance, il fait des choix politiques et engage l'avenir des sociétés (Kübler et Maillard, 2009). La gouvernance implique l'autonomie et une diversité d'acteurs, l'autorégulation, la coopération, des négociations sociales et l'action collective autour d'objectif(s) commun(s) pour résoudre les problèmes affectant l'intérêt collectif. La gouvernance fait référence à une interdépendance entre les acteurs, à une intervention des réseaux d'acteurs autonomes, à une gestion horizontale et efficace des affaires publiques. La gouvernance suppose également la recherche de consensus et de compromis, une pluralité de centres de décision, et une souveraineté diffuse et partagée (Saint-Martin, 2005). La gouvernance suppose finalement une recomposition des liens entre l'État et les autres acteurs, le jeu de relations interpersonnelles (Moreau Defarges, 2011). Les normes (règles) formelles et informelles de régulation, les interactions entre des acteurs aux intérêts parfois divergents, les relations de pouvoir pas forcément égales et les ressources d'action parfois inégales, sont d'autres éléments caractéristiques de la gouvernance (Kouna Eloundou, 2012).

2.5. La prolifération des bidonvilles et de l'habitat spontané

Selon le Programme des Nations pour les établissements humains, un bidonville désigne la partie défavorisée d'une ville caractérisée par des logements insalubres, une grande pauvreté et sans aucun droit à la sécurité foncière.

Au Cameroun, ces modes d'habitation prennent des proportions considérables depuis plusieurs années. Plus de 67 % de la population urbaine du Cameroun vit en effet dans des bidonvilles et la situation est loin de s'améliorer puisque ces quartiers informels connaissent une croissance annuelle de plus 5,5 % (Cf. Profil Urbain National du Cameroun). Avec près de 54%de la population vivant dans les villes, un taux de croissance urbaine de l'ordre de 3,6 % et près de 40 % de la population vivant dans des quartiers informels et des bidonvilles, la demande en matière de logements, d'infrastructures et de services urbains de base est en hausse dans toutes les zones urbaines au Cameroun. À Yaoundé par exemple, les bidonvilles représentaient environ 35 % de la zone urbanisée en 2010, avec une superficie de 7 000 ha pour une population estimée à 936 740 habitants, sur une population totale de 1,8 million d'habitants (Cf. Onu Habitat 2015/2016).

La prolifération des bidonvilles dans les grandes villes camerounaises s'explique par le caractère insuffisant et fondamentalement lacunaire des politiques de planification urbaine jusque-là mises en place par les décideurs publics. En effet, même s'il est incontestable que le gouvernement camerounais a mis sur pied, grâce au financement de ONU-

Habitat, le Programme Participatif d'Amélioration des Bidonville (PPAB[9]), il faut néanmoins reconnaître que sa matérialisation sur le terrain présente des limites ; tant les actions sont insuffisantes pour véritablement adresser ce problème en long, en large et surtout en profondeur, et ce de manière pérenne.

À titre illustratif, à Yaoundé, première ville où le PPAB a été mis en œuvre, les ambitions de départ ont partiellement été traduites en actes sur le terrain. L'on a plutôt observé des opérations de saupoudrage qui n'ont pas tenu sur le temps long. Dans la zone de Nkolbikok qui avait été choisie pour abriter le projet, il avait été observé, en 2012, un léger changement qui s'était traduit par le remaniement des infrastructures obsolètes le long des axes structurants à l'occasion des opérations de voirie. Cependant, rien de bien particulier n'a été réalisé dans cette zone. Et pour cause, l'absence d'une véritable politique de planification en amont, permettant d'implémenter les objectifs de départ. Dans le cas précis de Nkolbikok, le PPAB ambitionnait de résoudre les problèmes majeurs inhérents à cette zone, notamment : 1) L'enclavement ; 2) L'insécurité ; 3) L'insalubrité et ; 4) Le risque d'inondation.

En vérité, rien n'a changé dans cette zone. Les ménages connaissent toujours d'énormes difficultés pour accéder aux services urbains de base. La zone se trouve exposée à l'insalubrité causée par une mauvaise gestion des ordures et

---

[9] Le PPAB vise à améliorer les conditions de vie des habitants des bidonvilles en accroissant la capacité des acteurs urbains concernés, des autorités aux habitants des bidonvilles eux-mêmes, afin de comprendre collectivement et d'aborder la nature multidimensionnelle du défi posé par les bidonvilles, d'identifier et de mettre en œuvre des réponses appropriées et durables, d'élaborer des politiques et règlements urbains en faveur des personnes pauvres, ainsi que des stratégies et des règlementations à l'échelle de la ville, qui intègreront les zones des bidonvilles dans le tissu urbain plus large et réaliseront ainsi le potentiel des personnes vivant dans les bidonvilles.

l'absence de système d'évacuation des eaux usées. Les inondations suite à de fortes pluies se produisent de manière répétée, etc. Cette situation n'est pas exclusive à la zone de Nkolbikok. Elle prévaut également dans l'ensemble des bidonvilles de la ville de Yaoundé. Cette situation étonne tout de même surtout lorsqu'on sait que l'action du gouvernement en général et dans le secteur du développement urbain en particulier, est coordonné par la Présidence de la République qui définit les orientations générales de la politique en la matière. Quand on sait également que plusieurs acteurs institutionnels sont chargés de la définition des stratégies et de la mise en œuvre de la politique de l'État en matière d'urbanisation et d'amélioration du cadre de vie (Cf. ONU Habitat, 2011). Parmi ces acteurs on retrouve :

Le Ministère de l'Habitat et du Développement Urbain (MINHDU). Il est en charge de « l'élaboration et de la mise en œuvre de la politique du gouvernement en matière d'habitat et de développement urbain ». En matière de développement urbain, il est compétent dans la planification et le contrôle du développement des grandes villes et la définition des normes et des règles en matière d'assainissement, d'hygiène et de salubrité. Il est aussi chargé d'élaborer et de mettre en œuvre une stratégie d'embellissement des villes. Il gère également l'organisation de la circulation dans les grandes villes et les infrastructures urbaines majeures. Il est en outre responsable de l'élaboration et du suivi de la mise en œuvre des stratégies d'aménagement et de restructuration des villes ;

Le Ministère des domaines, du cadastre et des Affaires foncières (MINDCAF). Il est en charge de « l'élaboration et de la mise en œuvre de la politique du Gouvernement en matière domaniale, cadastrale et foncière » ;

Le Ministère de la Planification, de la programmation du développement et de l'aménagement du territoire

(MINEPAT). Il est en charge de « l'élaboration des orientations générales et des stratégies de développement à moyen et long terme et du suivi de leur mise en œuvre ». Il intervient alors dans la planification du développement, en élaborant la stratégie de développement du gouvernement, définissant les axes d'action ;

Le Ministère de l'Administration Territoriale et de la Décentralisation (MINATD). Il intervient dans le domaine du transfert de compétences, d'administration et de gestion des déchets municipaux à travers les Collectivités Territoriales Décentralisées dont il assure la tutelle administrative ;

Le Ministère de l'Environnement et de la Protection de la Nature (MINEP). Les attributions de ce département ministériel relatives à l'aménagement se limitent à l'approbation des études d'impact environnemental, des projets d'infrastructure d'aménagement ou de tout projet de construction. Il doit à cet effet, dans la procédure d'autorisation, délivrer un certificat de conformité environnemental ;

Le Ministère des Travaux Publics. Il est en charge de la construction et de l'entretien, ainsi que de la protection du patrimoine routier (Ibid).

Même s'il n'existe pas de bonne politique de planification urbaine, il est néanmoins impératif qu'elle serve de substrat aux politiques publiques en matière d'aménagement urbain au Cameroun. Une « bonne » politique de planification urbaine est celle qui s'adapte aux évènements et qui se donne les moyens d'une prise de décision rapide appuyée sur un potentiel d'intervention suffisant[10].

---

[10] www.comby-foncier.com.

Conclusion

Le Cameroun n'échappe pas aux bouleversements urbains observés en Afrique subsaharienne en général. Sur le plan démographique, il est l'un des pays les plus urbanisés d'Afrique subsaharienne avec un taux d'urbanisation qui a atteint 57 % en 2008. En 2015 près de 80 % de la population camerounaise vit dans les villes. Sur le plan économique, les villes camerounaises produisent largement plus que leur part démographique. La ville camerounaise est en effet confrontée aux insuffisances relevées ailleurs dans le continent en matière d'infrastructures et de services. D'où l'urgence de la mise en place d'une véritable politique de planification urbaine, pour résoudre la question de la vulnérabilité des populations défavorisées. La planification urbaine est le résultat logique de l'urbanisme. Elle consiste à « tirer d'une connaissance du fonctionnement des villes les secrets d'une maîtrise de leur devenir ». Elle présente le fondement même de l'urbanisme, « c'est-à-dire l'idée d'une planification spatiale tendant, à partir d'une connaissance et d'une représentation aussi précise que possible de l'état de la ville, à définir les orientations de son devenir souhaitable, quartier par quartier, et les efforts corrélatifs que les autorités publiques devront faire, ainsi que les contraintes corrélatives qu'elles devront imposer aux acteurs privés (Aya Abbes Belghith, 2017).

De manière générale, la planification urbaine a pour vocation d'anticiper les évolutions futures dans un objectif de croissance inclusive et durable. Elle se conçoit dans un objectif d'amélioration des conditions de vie des habitants et des usagers et de renforcement de l'inclusion et de la cohésion sociale. La prise en compte du patrimoine et des cultures locales et la reconnaissance des spécificités des différents groupes sont des éléments indispensables pour y parvenir. De même, les équipements publics peuvent être des outils clés de mixité et de cohésion sociale. La planification urbaine s'appuie et interagit avec la stratégie de développement économique du territoire. Elle est un cadre de référence pour la protection et la gestion des ressources naturelles et de l'environnement : elle précise les actions pour la résilience des villes et des populations, de même que les dispositifs de prévention et de gestion des risques[11], etc. Améliorer la planification urbaine au Cameroun ne revient pas simplement pour l'État camerounais à changer de rôle, mais à mieux remplir son rôle dans une société qui change. Cela implique donc du courage, un engagement et surtout de la méthode. Car, le changement part d'une réflexion stratégique (capacité à anticiper), il suppose une impulsion politique, un effort de planification et la recherche de l'adhésion. Dans tous les cas de figure, le changement pour s'opérer a besoin de « sens ». La vulnérabilité des couches sociales les plus défavorisées est également perceptible à travers l'exclusion dont elles sont victimes dans le cadre de la gouvernance foncière de manière spécifique.

[11] www.pfvt.fr/fr/docman/doc-download/121.

Chapitre III
Gouvernance foncière et vulnérabilité des franges rurales

Introduction

Le régime foncier camerounais ainsi que les nombreux documents administratifs qui lui servent d'appendices ou d'annexes (DSCE ; Guide de l'Opérateur économique pour l'accomplissement des procédures foncières, domaniales et cadastrales ; Manuel pour l'accomplissement des procédures foncières, domaniales et cadastrales...), présentent un tableau hyper idyllique de la gouvernance foncière au Cameroun, au point que toute analyse critique pourrait être taxée de simple affabulation, de provocation ou de mauvaise foi. Pourtant, dans les faits, tout est complexe, notamment avec le caractère précaire de la propriété foncière coutumière. Concrètement, il n'est reconnu aux populations rurales que le simple droit d'exploitation, et non le droit de propriété sur les terres ancestrales occupées depuis des temps immémoriaux. Cette situation est à l'origine la sempiternelle opposition entre droit moderne et droit villageois. D'où les nombreux conflits fonciers qui mettent aux prises l'Etat et les communautés coutumières du fait des logiques contradictoires d'appropriation, de gestion, d'usage et de partage de la terre. Les analyses des interactions entre ces deux catégories d'acteurs mettent en évidence des relations de légitimité[12] et

[12] On peut distinguer trois formes de légitimité : 1) La *légitimité légale et administrative*. Elle est obtenue en raison du statut juridique

de pouvoir[13]. Chez Max WEBER (1971), le pouvoir et la légitimité constituent le fondement des hiérarchies entre acteurs et sont liés à la notion d'autorité (Weber, 1971). Selon BOUDON et BOURRICAUD (1986), le pouvoir de l'acteur fait référence à la capacité de celui-ci à imposer sa volonté aux autres (Brullot, Maillefert, Joubert, 2014).

Au Cameroun, la gouvernance foncière met aux prises deux régimes fonciers qui s'opposent tant du point de vue de la valeur accordée à la terre que de celui de son appropriation. Il y'a d'une part le régime foncier villageois adossé sur la tradition et, d'autre part, le régime foncier moderne sous-tendu par le droit écrit. Avec la prééminence du droit écrit moderne sur le droit coutumier et surtout de la valeur économique que revêt plus que jamais la terre depuis la crise alimentaire mondiale, la situation des populations autochtones occupant les terres coutumières est de plus en plus précaire. Précarité amplifiée par le fait que ces

---

de l'acteur. Elle implique l'acceptation de la loi ou du statut par l'ensemble des parties prenantes ;2) La *légitimité liée au charisme.* Elle fait référence à la reconnaissance sociale d'un individu ou organisme (prestige) par l'ensemble des parties prenantes, reconnaissance fondée sur des critères historiques ;3) La *légitimité économique.* Elle concerne la performance technologique ou organisationnelle d'un acteur, ses compétences spécifiques, son expérience et/ou implication passée ou présente dans une démarche collective (hors dimension financière) (Brullot, Maillefert, Joubert, 2014).

[13] Max WEBER distingue trois formes de pouvoir : le *pouvoir légal ou rationnel*, le pouvoir charismatique et *le pouvoir traditionnel. Le pouvoir légal et règlementaire* est basé sur l'appartenance de l'acteur à une institution et sur l'exercice du pouvoir conféré par cette appartenance. Le *pouvoir charismatique* fait référence à la capacité d'un acteur à imposer sa volonté aux autres grâce à ses qualités humaines personnelles quelle que soit la structure institutionnelle, associative ou privée à laquelle il appartient. Le *pouvoir économique* résulte de la position dont dispose un acteur sur un espace donné et qui est déterminé le plus souvent par sa taille et par son histoire (Brullot, Maillefert, Joubert, 2014).

populations ne disposent que d'un simple droit d'usage sur ces terres reçues en héritage qu'elles exploitent depuis la nuit des temps et, d'autre part, par la politique d'attractivité des IDE que promeut l'État camerounais ces récentes années. Dans ce contexte les terres servent en effet de socle à une diversité d'activités, commerciales (concessions foncières, minières, forestières, zones de chasse) ou non commerciales (aires protégées, projets d'infrastructures, etc.), et le Cameroun connaît une diversification et une intensification des investissements dans le domaine de l'exploitation des ressources naturelles et de la gestion des espaces (Nguiffo et Sonkoue Watio, op.cit). La terre est ainsi au cœur des stratégies de développement dans ce pays. En zones rurales par exemple, les activités sont essentiellement tournées vers l'utilisation de l'espace et des ressources servant à la subsistance et à générer un revenu : agriculture, élevage, pêche, collecte du bois et des produits forestiers non ligneux, production de charbon de bois et chasse, notamment. Au-delà de la production, la terre a également une valeur culturelle et participe de l'identité des peuples qui y vivent. Elle abrite en effet les lieux de vie, les sites de production, mais aussi les sites sacrés où sont entretenus des cultes et des rites censés assurer la protection des communautés et maintenir les liens avec les ancêtres. Elle apparaît donc comme un élément essentiel de la cohésion sociale et de la sécurité des communautés (Ibid.).

3.1. La non-amélioration du statut des communautés coutumières nonobstant la multiplication des réformes foncières

Depuis les indépendances la gouvernance foncière au Cameroun est caractérisée par une inflation législative qui se traduit par la multiplication des réformes foncières inefficaces et inadaptées ; conséquence indubitable de la perpétuation du mode de gouvernementalité colonial des terres et de l'absence d'une véritable politique foncière. Si l'on concède à l'État camerounais de n'avoir pas pu élaborer une véritable politique foncière au lendemain des indépendances du fait de la forte prégnance de l'héritage colonial, il convient tout de même de relever que rien de concret n'a non plus été fait au cours des 50 dernières années pour améliorer la gouvernance foncière, et précisément clarifier le statut des populations rurales sur les terres qu'elles occupent, alors que de nombreuses réformes foncières ont été entreprises. Faut-il rappeler que la réforme foncière a pour vocation première de corriger les problèmes récurrents dans la perspective de la sécurisation des droits des populations.

Liz ALDEN WILY (2011) n'a donc pas tort d'affirmer que « les Camerounais vivant en milieu rural sont dans une situation extrêmement précaire en termes de régime foncier ». En effet, les lois du Cameroun apportent une certaine sécurité d'occupation aux fermes et parcelles non enregistrées, mais seulement dans la mesure où une indemnité (limitée) est versée afin de compenser la perte permanente de récoltes ou d'infrastructures lorsque le gouvernement réquisitionne ces terres à d'autres fins. Ces terres non enregistrées (ce qui est le cas de la plupart des terres du Cameroun) peuvent notamment être cédées en pleine propriété, à bail, ou dans le cadre de licences d'occupation exclusives au profit de bûcherons, de mineurs, de propriétaires de ranch, d'entrepreneurs dans le secteur des biocarburants ou des aliments, ou au profit du gouvernement (sous la forme de forêts domaniales). Le gouvernement peut agir de la sorte pour deux raisons : d'une part, car la définition juridique du terme « fins publiques » est très vaste et d'autre part, parce que le droit camerounais ne reconnaît pas la propriété foncière coutumière comme équivalente aux droits réels de propriété immobilière, avec les obligations légales que cela comporterait, comme, par exemple, celle de verser aux propriétaires coutumiers la valeur marchande des terres que le gouvernement s'approprie.

À l'aune du constat d'échec des réformes foncières évoqué en amont, il est expédient que soient véritablement adoptées des approches alternatives de sécurisation foncière au Cameroun. Les réformes foncières futures ont fondamentalement besoin d'envisager différemment la sécurisation foncière. Elles ont en particulier besoin de s'émanciper des présupposés coloniaux sur la sécurité foncière et sur les droits fonciers villageois. En effet, si le système de l'immatriculation foncière peut convenir à de grandes propriétés bénéficiant d'investissements lourds, l'histoire de l'immatriculation enseigne qu'il faut imaginer des approches alternatives pour les petites exploitations familiales, s'appuyant sur le consensus autour de la légitimité des droits fonciers locaux dans leur grande diversité. À ce propos, le juriste et anthropologue Hubert M.G. OUEDRAOGO suggère d'explorer plusieurs directions.

La première direction est d'ordre méthodologique. Malgré les limites qu'on leur attribue, Hubert OUEDRAOGO pense que les approches participatives doivent être la base des processus d'élaboration des politiques et législations foncières. Selon ce chercheur, la participation et la concertation bien conduites sont de bons moyens pour limiter les risques d'adoption de solutions foncières inadaptées et inapplicables.

La seconde direction consiste à reconnaître les droits fonciers légitimes. Avec les spécificités qui sont les leurs, mais méritant l'égale considération et protection de la loi. Prenant l'exemple du Niger, l'auteur explique que c'est une telle direction qui est ouverte par la loi de ce pays qui stipule que « la propriété du sol s'acquiert par la coutume ou par les moyens du droit écrit ».

La troisième direction est relative aux institutions et outils de gestion foncière. L'auteur suggère ici de s'appuyer sur les institutions locales déjà existantes ou d'œuvrer à leur amélioration. Ce qui, pour l'auteur, constitue un gage prometteur d'effectivité de la gestion foncière locale, à condition de renforcer les capacités de ces institutions et de veiller aux questions de gouvernance locale. Quant aux outils de sécurisation, l'auteur observe que les expériences du terrain indiquent qu'il est préférable qu'ils soient ajustés aux capacités des institutions locales à les utiliser, en dehors d'une dépendance trop forte de l'aide extérieure[14]. Les contradictions et les ambigüités du régime foncier camerounais ont plusieurs conséquences opposées à une politique de développement rural et agricole plus productive et plus durable (Mope Simo, 1995).

3.2. Qu'est-ce qui pourrait expliquer le caractère problématique de la gouvernance foncière au Cameroun ?

La perpétuation de l'héritage colonial

Les décideurs publics camerounais perpétuent le modèle colonial de gouvernance foncière. Gouvernance qui privilégie l'approche juridique, plutôt qu'une approche plurielle intégrant la dimension traditionnelle ou coutumière. Montrant les limites d'une telle logique, Jean-Pierre CHAUVEAU (2006) suggère une approche empirique et pratique. Selon lui « les règles locales étant pour une large part du ressort des logiques coutumières, une approche juridique, par les textes, ne peut en aucun cas suffire à rendre compte des réalités locales ». L'auteur observe également que « l'intérêt affiché pour le coutumier chez les décideurs passe souvent par une vision simplifiée et en partie fausse. Vision qui ne s'appuie pas sur une analyse empirique des

---

[14] Hubert Ouédraogo, « Mythes, impasses de l'immatriculation foncière et nécessité d'approches alternatives », Des Fiches Pédagogiques pour comprendre, se poser de bonnes questions et agir sur le foncier en Afrique de l'Ouest, www. hubrural. org.

pratiques ». Poursuivant son propos, l'auteur ajoute que « les analyses en termes d'acteurs soulignent au contraire que les pratiques foncières sont flexibles et souvent en décalage, plus ou moins marquées, avec les normes locales, qui elles-mêmes sont dynamiques et se négocient. Ces normes montrent que les rapports fonciers ne sont pas une dimension isolée, mais font, au contraire, partie intégrante de la vie sociale. Elles montrent également que les acteurs ou institutions « externes » (État, administration territoriale, etc.) sont partie intégrante du jeu foncier local ».

Achevant son propos, l'auteur soutient avec verve, que « l'analyse des pratiques ne définit pas d'orientation normative, elle invite simplement à prendre au sérieux le fait que toute action (législation, projet, etc.) n'a d'impact qu'à travers les réponses qu'y donnent les acteurs concernés ». Il s'agit, dans la perspective de Jean-Pierre CHAUVEAU, de songer à une action réciproque des acteurs. Souscrivant à cette approche, Christian THUDEROZ(2010) pense que « le fait de transiger, de se compromettre avec autrui, de décider avec lui d'un cours commun d'action possible (même temporaire, même limité) est fondamental ». C'est cette approche par la négociation que promeut ce chapitre dans la perspective d'une gouvernance foncière pluri-acteurs et inclusive au Cameroun.

Le modèle de gouvernance foncière pratiqué au Cameroun suggère d'analyser la situation à partir de l'approche par les maîtrises foncières et fruitières. DAGET et GORDON (1995) posent que : « La notion de maîtrise suggère l'exercice d'un pouvoir et d'une puissance donnant une responsabilité particulière à celui qui, par un acte d'affectation de l'espace, a réservé plus ou moins exclusivement cet espace. La notion de maîtrise permet de relier les références à la souveraineté et à la propriété qui « encadrent » les pratiques foncières pastorales en soulignant qu'à leur intersection des droits et des obligations particulières peuvent naître d'une affectation de l'espace et que cette responsabilité doit être plus ou moins préservée et sécurisée [...] ».

À leur suite Olivier BARRIERE et Alain ROCHEGUDE (2008) soutiennent que : « la maîtrise est une catégorie juridico-politique et normativo-pratique : à cheval sur des dichotomies en les subsumant. Elle repose, à la fois sur un mode de contrôle de l'espace qui induit des droits d'un type particulier à chaque niveau de maîtrise identifié (axe chose/bien), et un public/privé) ».

Envisagée dans le cadre de cette étude la théorie des maîtrises foncières et fruitières s'inscrit dans l'optique des auteurs comme : M. ALLIOT (1985), J. CAPRON (2003), G.HESSELING (1990), Jean-Pierre CHAUVEAU (2006) et Étienne LE ROY (1996). En effet, à travers un effort de déconstruction de ce qu'ils considèrent comme conception ethnocentriste dominante des droits coutumiers, ces auteurs ont depuis longtemps entrepris de révéler ce qui constitue l'originalité de ces droits en partant du constat que les questions foncières sont abordées essentiellement à travers une approche juridique technique (Ouedraogo, 2011).

Comme l'explique Hubert OUEDRAOGO (2011), la question foncière a constitué une des préoccupations majeures dans les anciens territoires colonisés. Le développement économique de ces territoires dépendait en effet de la mise en valeur de leur important potentiel en terres arables. Cette mise en valeur passait notamment par la mobilisation des capitaux des compagnies coloniales. Pour ces compagnies, le préalable à l'investissement était la sécurité foncière. La question foncière coloniale y a été abordée sous le double aspect de la constitution du domaine (privé) de l'État, d'une part, et de la garantie des droits fonciers des particuliers, d'autre part.

Relativement à la constitution du domaine privé, DENI-SEGNI(1979) précise que « La question que l'administration coloniale avait à résoudre était celle de savoir comment faire passer sous le contrôle de l'État des terres qui jusque-là étaient détenues par les communautés locales en vertu de leur coutume. Selon l'auteur, la constitution d'un domaine privé de l'État était perçue comme le moyen le plus sûr de mettre les terres des territoires coloniaux à la disposition des compagnies coloniales.

Poursuivant son propos, l'auteur explique que, sur le plan de la technique juridique, la constitution du domaine privé de l'État s'est principalement appuyée sur la théorie doctrinale de la succession de l'État, avant de rechercher un fondement légal dans le principe des « terres vacantes et sans maîtres » inspiré du Code civil napoléonien (articles 538,539 et 713), et traduit dans le décret foncier colonial de 1935 (Atta et Zoungrana, 2010). « La succession d'État, qui théorise le droit de conquête, pose le principe que, du fait de la signature de traités entre les chefs coutumiers *africains et la* France, l'État colonial a succédé à l'ensemble des pouvoirs détenus par ces chefs (y compris les droits sur la terre) » (Dégni-Ségui, 1979).

Partant de la perception qu'ils avaient de leurs propres droits, les auteurs de la période coloniale, comme l'explique Hubert OUEDRAOGO (Op.cit.) ont plus souvent, dans les droits africains, vu ce qu'ils n'étaient pas que ce qu'ils étaient. ALLIOT pense d'ailleurs que « c'est une caricature plus ou moins efficace d'un point de vue administratif et judiciaire, une vraie mystification qui fait adhérer les colonisés à une conception négative de leurs expériences juridiques » (Ouedraogo, ibid).

J. CAPRON (2003) suggère un changement de perspective. Ainsi, outre la perspective universaliste il pense que la gouvernance foncière doit également prendre en compte d'autres modèles comme ceux par exemple qui prônent une prise en compte de la différence culturelle dans une perspective de réparation historique. L'auteur fait allusion ici à la problématique du pluralisme juridique.

S'inspirant du système foncier Bwa, J. CAPRON note que : « La tâche de l'ethnologue est de cerner avec le maximum d'expressions juridiques approchées, la signification profonde […] d'une réalité dont la richesse décourage toute tentative de codification immédiate. Aux juristes, dit-il, de s'efforcer […] de forger un vocabulaire adapté à son objet et non transposé de codes juridiques étrangers ».

R. MACDONALD (2003) va plus loin. Il suggère de sortir de l'opposition droit et société : « *Legal pluralism understands the law/society relationship not simply as the imposition of a normative arder (Law) on a disordered environment (Society)* ».

Poursuivant son argumentaire, R.MACDONALD pense qu'« en ouvrant le droit aux normes émanant de la société elle-même, l'approche pluraliste cherchait également à remédier au divorce identifié entre les institutions et le droit étatique d'une part, et la société d'autre part. Ces normes informelles ou non officielles n'étaient en effet pas entachées des défauts en termes d'accessibilité qui affectent le droit étatique. En épousant les particularités culturelles et les préoccupations particulières des groupes sociaux dont elles émanent, elles bénéficiaient d'une légitimité évidente. Ainsi le pluralisme juridique était tout d'abord posé comme cadre théorique pour expliquer et tenter de remédier à l'échec du système légal et à l'inadaptation des normes officielles pour répondre aux besoins de justice de larges segments de la population. Cette démarche consacrait donc un changement de perspective fondamental par rapport à la conception occidentale du droit. Il ne s'agit plus de partir de l'institution et de s'interroger sur les conditions de son accessibilité, mais bien à partir de la population et de définir ses besoins. Dès lors, il était légitime de s'interroger sur la façon la plus adéquate de satisfaire ces besoins notamment par le recours à des normes non étatiques » (Ibid.).

Explicitant le pluralisme des mises en forme de la juridicité en partant des travaux de Michel ALLIOT (1983), Étienne LE ROY (2003) en est venu à une théorisation du Droit comme tripode, c'est-à-dire fondé sur le jeu entre normes générales et impersonnelles, modèles de conduite et de comportement et habitus. Ces trois pieds du droit renvoient aussi à trois « ordonnancements sociaux » différents, ou manières différentes de mettre en forme le social dans sa juridicité : les ordonnancements imposé, négocié ou accepté. De plus, comme il y a « jeu », il y a aussi dynamique. Et c'est une analyse processuelle qui permet de comprendre la complexité du jeu juridique qui articule différemment selon les situations ces trois pieds du Droit (Chouquer, 2010).

Selon LE ROY, si on peut convenir d'appeler « foncier » le rapport général que les hommes et les sociétés ont avec le sol, on doit néanmoins convenir qu'il existe cette différence permettant de distinguer les situations de ''propriété'' du sol, définissant une maîtrise foncière au sens strict et les situations d'usufruit, donnant un accès à la terre sans la propriété de celle-ci.

L'idée centrale de la théorie des maîtrises foncières et fruitières conçue par LE ROY est que l'héritage moderne fait qu'on a de la peine à concevoir un autre mode que le mode dualiste pour rendre compte des réalités non modernes alors qu'il convient plutôt d'avoir une conception qui permette de voir comme complémentaire ce que le filtre culturel moderne fait voir comme contradictoire (Chouquer, 2010).

Étienne LE ROY constate également que dans le droit occidental moderne, les dualités organisatrices ne sont propres qu'à des sociétés régies par deux principes : 1) La reconnaissance de l'individualité ; 2) Le privilège, dévolu à l'État d'émettre la loi. Or, dans les sociétés africaines, fait-il observer, la notion de bien n'a qu'un sens partiel puisqu'une partie importante des richesses et des ressources échappe à cette définition. Il faut donc, suggère-t-il, chercher quel peut être le statut de la ‘‘chose’’ lorsque celle-ci n'est pas un bien personnel, mais plutôt une ‘‘chose commune’’ (Chouquer, 2010).

Pour les sociétés africaines, indique LE ROY, d'autres principes sont en jeu, notamment le caractère fondamentalement communautaire des rapports sociaux. Ensuite, on y accorde également plus de valeur à l'usage qu'à l'échange. Ces deux caractéristiques, précise LE ROY, font qu'on peut distinguer un critère d'inclusion ou d'exclusion, selon que l'on participe ou non au partage en commun des richesses ou des ressources. Du point de vue de la gouvernance foncière, Étienne LE ROY suggère trois types de régulations qui organisent le rapport juridique aux choses : 1) Les systèmes d'exploitation des sols, qui régulent au niveau interne ; 2) Les systèmes de circulation et de distribution des produits de la terre, qui définissent une échelle des alliances et mettent en relation l'intérieur et l'extérieur ; 3) Enfin, les systèmes de répartition de la terre qui sont des régulations externes à la communauté (Chouquer, 2010).

LE ROY suggère également trois types d'appropriations sur la base de critères de juridicisation propre à chaque système ou catégorie juridique. Et, à chaque type d'appropriation, pourraient correspondre plusieurs usages ou maîtrises. Il s'agit entre autres de : 1) L'appropriation initiale. Elle est symbolique, religieuse, territoriale et collective. Elle est le fait du groupe fondateur (premier occupant), représenté par son aîné (chef de terre). Ce type d'appropriation relève de la coutume ; 2) L'appropriation fonctionnelle. Elle relève des pratiques traditionnelles et contemporaines basées ou non sur des combinaisons juridiques (coutume/droit moderne). Elle est le fait des lignages, des familles, des individus et concerne la majorité des producteurs ruraux locaux. LE ROY estime que l'appropriation fonctionnelle obéit à une logique qui fonctionne, qui est bien adaptée à son but, qui est pratique. La maîtrise foncière est donc une pratique à la vie, à la production, à la reproduction biologique et sociale, et au processus d'humanisation de l'espace. Autrement dit, le fonctionnel est un instrument de durabilité permettant à la vie de se perpétuer ; 3) L'appropriation intégrale. Elle est caractérisée par l'usus, le fructus et l'abusus ; elle est individuelle, et le fait de quelques individus souvent étrangers au terroir. Elle relève du droit moderne et correspond à la propriété et est porteuse de valeur marchande (Cf. Cahier d'anthropologie, 2003).

Chez M. ALLIOT, cette appropriation est appréhendée non pas comme « un ensemble normatif et autonome des règles », mais en tant que « manière d'être, de parler, d'agir, qui permet à chacun de contribuer au mieux au maintien de la cohésion du groupe (…) la coutume ne saurait, précise ALLIOT, être isolée de la morale, de la religion ou des convenances qui donnent une force supérieure pour remplir sa fonction » (Ibid.).

J. CAPRON parle du « pacte de vie » initial qui est inséparable de la « réussite démographique du groupe (…) conditionnée par la croissance naturelle des familles, mais aussi par l'assimilation progressive d'éléments venus de l'extérieur » (Ibid.). Chez HESSELING, la propriété fonctionnelle relève du « droit des pratiques », expression qu'il emprunte à Le Roy, pour qui, pratiques coutumières (droit traditionnel) et pratiques contemporaines (droits locaux actuels) se côtoient, s'imbriquent et se complètent (Ibid.). Selon HESSELING, la terre ale statut de « bien-chose » tantôt celui de « chose-bien », c'est-à-dire qu'elle appartient au patrimoine de la « famille », un « bien familial », mais qui ne peut à ce titre être cédé (vendu) et reste par conséquent une chose. Cependant, elle fait l'objet de transaction « économique » (prêts onéreux et ventes virtuelles, pour répondre à des besoins urgents ou latents (mariages, funérailles, frais de santé ou de scolarité) ou encore à des besoins stratégiques (occuper la place avant qu'elle ne soit prise par l'État) généralement en rapport avec la « famille » (Ibid.).

L'absence d'une véritable politique foncière

La gouvernance foncière au Cameroun se caractérise par la multiplication des réformes foncières sans véritable impact du point de vue de l'amélioration du statut des communautés coutumières relativement aux terres occupées. L'on assiste plutôt au renforcement des sanctions pour atteintes à la propriété foncière. Cette situation est induite par l'absence d'une véritable politique foncière devant servir d'assiette à ces nombreuses réformes.

La politique foncière renvoie aux objectifs et stratégies censés sous-tendre une bonne gouvernance foncière. Ces objectifs et stratégies doivent prendre en compte les réalités anthropologiques, culturelles, cultuelles socio-politiques, socio-économiques, etc., qui structurent ou composent la société pour laquelle ils sont conçus. Leur mise en œuvre doit donc être la conséquence ou la résultante logique d'une identification préalable des problèmes et des défaillances à corriger.

La mise en œuvre des politiques foncières pose la question des échelles d'intervention, des modes de coordination, de régulation et d'arbitrage entre les conceptions et les intérêts des différents groupes d'acteurs. L'administration foncière joue ici un rôle central par les fonctions qu'elle exerce, en particulier, en matière d'aménagement de reconnaissance et de transfert des droits sur le sol. En fonction des choix de gouvernance foncière, des instances diverses peuvent être responsabilisées ou faire partie d'un dispositif public d'administration foncière qui ne se réduit donc pas aux services étatiques spécialisés, mais peut intégrer des instances communales, des comités locaux, etc. (Cf. Livre blanc des acteurs français de la coopération, 2008).

C'est dans cette perspective que s'inscrivent Hubert OUEDRAOGO et Vincent BASSERIE (2011) pour qui « les politiques foncières doivent reposer d'une part sur un diagnostic, reconnu comme objectif par les différents acteurs, des problèmes prioritaires à résoudre et d'autre part, sur une approche socialement inclusive, axée sur la participation véritable de l'ensemble des acteurs fonciers : État et collectivité locales, société civile y compris les organisations paysannes et les organisations de femmes, institutions traditionnelles, secteur privé, etc. ».

Une bonne politique foncière, même s'il n'en existe pas dans l'absolu, est celle qui s'adapte aux évènements et qui se donne les moyens d'une prise de décision rapide appuyée sur un potentiel d'intervention suffisant. Une politique foncière suppose également l'évaluation de l'action publique pour savoir si la politique conçue a atteint les objectifs fixés. L'évaluation permet ainsi de déterminer si la politique a du succès, ou si, au contraire, le problème subsiste auquel cas il faut formuler une nouvelle politique pour éviter de faire face à des réformes foncières inadaptées et improductives ainsi qu'à de mauvaises pratiques et réglementations en matière de gestion des sols.

Hubert OUEDRAOGO et Vincent BASSERIE (2011) corroborent cette vision lorsqu'ils soutiennent que « L'élaboration et la mise en œuvre des politiques foncières constituent des exercices complexes, longs, mais réalisables. Le suivi et l'évaluation des politiques foncières sont déterminants afin d'assurer leur revue et actualisation périodiques autant que de besoin, et de corriger à temps les insuffisances ou erreurs commises ».

Émargeant dans la même logique, Werner BUSSMANN, Ulrich KLÖTI et Peter KNOEPFEL (1998) posent que « les évaluations peuvent avoir pour objectif, ou comme conséquence, de formuler ou de modifier des mesures ou des politiques publiques, d'en améliorer la mise en œuvre ou d'en rendre compte ». Globalement l'évaluation renvoie à l'analyse des résultats d'une intervention publique « pour savoir non seulement si celle-ci a atteint les objectifs qui lui étaient assignés, mais surtout si elle a produit des effets attendus en s'appuyant sur des données empiriques collectées et analysées spécifiquement à cet effet » (Abouem à Tchoyi et M'bafou, 2013).

Répondre aux défis de la diversité, de la rareté et du développement durable suppose des politiques foncières volontaristes. Elles doivent concilier croissance économique et équité, assurer l'intégration économique et sociale des populations rurales et urbaines, construire un cadre sécurisant pour les activités économiques, et assurer la protection de l'environnement dans une perspective de développement durable. Cela suppose des changements importants dans les orientations des politiques foncières, et des innovations majeures dans les outils juridiques et institutionnels et les procédures nécessaires à leur mise en œuvre. De tels changements dans les politiques foncières sont avant tout le résultat d'une volonté politique, généralement exprimée au plus haut niveau de l'État, motivée par des facteurs d'ordre social et économique. Ils résultent aussi de la lutte des organisations paysannes ou de paysans sans terre, et d'organisations d'habitants des quartiers pauvres ou précaires des grandes villes (Cf. Livre blanc des acteurs français de la coopération, 2008).

Tant en milieu rural qu'urbain, les inflexions ou les changements affectant la politique foncière visent souvent à réduire les tensions sociales nées d'une répartition inégale des ressources foncières. Ils visent aussi à lever les obstacles à l'investissement et à la production en adaptant les interventions aux systèmes fonciers et aux formes de tenure dominantes. Ils ont fréquemment pour origine l'intervention d'institutions étrangères : agences d'aide et de coopération, institutions financières internationales.

Malgré la mobilisation de moyens considérables, ces interventions peuvent se heurter à des résistances ou à des blocages, si elles ne font pas l'objet d'un consensus social suffisamment large et ne sont pas portées par une volonté politique suffisante. Au-delà des textes et des déclarations politiques, une politique foncière est avant tout la résultante des pratiques des acteurs chargés de sa mise en œuvre : « l'instrumentation » d'une politique foncière, sa traduction opérationnelle sur le terrain, est une question essentielle, d'autant plus qu'elle remet en cause des situations acquises ou des routines, et innove dans ses outils et procédures.

La préparation des réformes et leur mise en œuvre l'expérimentation des procédures et des outils, doivent faire l'objet d'une grande attention, condition de leur succès. Le développement de nouvelles modalités de gouvernance territoriale occupera un rôle central dans la construction de ces nouvelles politiques foncières. Il s'agit bien de refonder le contrat social en prenant en compte de nouveaux droits et en contribuant, pas à pas, à la construction de nouveaux « pouvoirs publics » au niveau local, non pas autonomes, mais articulés par le biais de mécanismes de subsidiarité aux niveaux supérieurs (Cf. Livre blanc des acteurs français de la coopération, 2008).

Conclusion

La gouvernance foncière au Cameroun est fondamentalement problématique, caractérisée par la multiplication des réformes foncières stériles et sans impact significatif du point de vue de l'amélioration de la gouvernance foncière, voire du statut des communautés rurales et autochtones sur les terres qu'elles occupent faute d'une véritable politique foncière. La gouvernance foncière arbitraire que subissent les communautés traditionnelles au Cameroun n'a vraiment pas lieu d'être. Surtout lorsqu'on sait que le droit traditionnel est antérieur au droit moderne, même si certains juristes, en particulier ceux de tradition romaniste, liaient l'existence du droit à celle de l'État et à la présence d'un corps judiciaire spécialisé.

Selon Jean POIRIER « le droit proprement dit naît avec l'organisation d'un pouvoir politique nettement différencié des hiérarchies liées à la parenté » (Ott-Duclaux-Monteuil, 2013). Pour Cécile OTT-DUCLAUX-MONTEUIL (2013), « Toute société a besoin de normes et l'État n'est pas la seule institution qui peut instaurer ces normes ». Pierre-François GONIDEC (Cité par Ott-Ducalaux-Monteuil, ibid) rappelle fort pertinemment que « l'État n'est qu'une forme de société politique, la forme la mieux intégrée sans doute, mais néanmoins, une société politique fondamentalement semblable aux autres. » Malgré le fait qu'il soit fondé sur l'oralité, le droit coutumier mérite davantage d'être pris en compte (Ott-Ducalaux-Monteuil, ibid).

L'oralité, « mode principal de communication en Afrique traditionnelle », a toujours été définie négativement par rapport à l'écrit, par l'occident. L'écrit a toujours été considéré comme supérieur dans le discours dominant. Dans le système juridique français par exemple, il apparaît comme le support unique qui saurait fixer la règle juridique. Or, l'absence d'un texte écrit n'en constitue pas moins une source formelle du droit. La coutume ou la tradition est donc source de droit. Les oppositions binaires qui ressortent de la définition émise par Lucas DE PENNA (Cité par Ott-Duclaux-Monteuil, ibid) dotent cette notion de polyvalence et garantissent sa longévité (Ibid).

Pour cet auteur en effet, « la coutume est issue de la tradition, elle est aussi création. Elle résulte d'une adaptation factuelle à l'existant, et fait l'objet d'une contentation par l'autorité. Elle émane du peuple, mais n'existe que reconnue par un pouvoir. Elle est un comportement, mais aussi un précepte ». Elle est, comme l'explique Lucas DE PENNA « un contrat formé par le consentement populaire et est aussi une règle de droit voulue par le souverain » (Ibid).

Dans le cas précis du Cameroun, certains spécialistes du droit pourraient nous objecter que la jurisprudence et l'évolution législative ont imposé le droit villageois comme une source formelle du droit. Nous sommes bien conscients de ce fait ! Cependant, nous leur objecterions en retour qu'au Cameroun, dans la pratique, seul est droit, ce qui est consigné par écrit. Il est donc expédient qu'une gouvernance foncière inclusive adossée sur une véritable politique foncière explicite soit élaborée dans ce pays dans la perspective du développement. Cette démarche mettrait ainsi tous les acteurs sociaux en situation de participer au développement de leur pays. Rappelons à ce propos que le succès d'une politique de développement est tributaire de l'inclusion de tous les acteurs (Perrin, 2003). La mobilisation de tous les acteurs participe de l'instauration de la démocratie participative, mais aussi comme moyen de concevoir des politiques efficaces. C'est tout le sens d'une politique foncière. La politique foncière fournit à l'Etat, aux acteurs nationaux non étatiques ainsi qu'aux partenaires au développement, un cadre commun de référence et d'orientation en matière foncière. Ceci peut aider à renforcer la confiance entre l'État et les autres acteurs, et donc à favoriser l'acceptation de la réforme et faciliter sa mise en œuvre » (Ouédraogo et Basserie, 2011).

Chapitre IV
Quelle alternative pour une gouvernance publique plus efficiente au Cameroun ?

Introduction

Nonobstant la volonté de l'État camerounais, la gouvernance au Cameroun demeure une gouvernance du quotidien, où les tâches administratives l'emportent largement sur les fonctions de planification et de gestion prospective. D'où l'exécution des missions sans objectifs de qualité ni obligation de résultat. Cette situation est la conséquence logique du faible recours à l'évaluation des politiques publiques engagées. En effet, au Cameroun, les structures administratives sont peu adaptées et prolifèrent sans s'inscrire dans une stratégie normative de création. Il en résulte parfois une lourdeur, voire une redondance des organigrammes, source de chevauchements et parfois de conflits d'attribution ou de compétence. L'alternative à ce modèle de gouvernance problématique réside dans l'évaluation des politiques publiques.

L'appel à plus d'évaluation s'inscrit dans un environnement qui marque le passage du système classique du gouvernement à la gouvernance pour mieux rendre compte de l'interaction de plusieurs acteurs et de l'intégration de plusieurs paramètres dans la recherche de la performance de l'action publique. Elle traduit la complexité de l'environnement étatique, intègre dans sa logique d'action les incertitudes qui grèvent la construction des politiques publiques et exprime le souci de produire les effets attendus pour les bénéficiaires de ces politiques. L'évaluation est le couronnement d'un processus de transformation de l'action publique et son efficacité est fonction du degré de son institutionnalisation dans les administrations publiques (Abouem à Tchoyi & M'bafou, 2013).

4.1. Le sens de l'évaluation dans la conduite des politiques publiques

L'évaluation consiste, comme le terme l'indique, à juger selon des valeurs les intrants, leur conversion en extrants, et les extrants eux-mêmes, dans le but de réinformer les politiques publiques, et autant que possible de rétroagir sur elles. Cette façon de voir correspond assez bien aux cinq critères que proposait SUCHMAN (1967) pour mesurer la valeur d'un programme : 1) L'effort consenti ; 2) La performance obtenue ; 3) Le caractère adéquat de la performance ; 4) L'efficience et ; 5) Le fonctionnement du processus (Lemieux, 2002).

L'évaluation peut se faire « *ex ante* » pour préparer une décision. Elle peut se faire en continu (« *in itinere* ») ou de façon concomitante, pour comprendre le processus de mise en œuvre : comment les agents de la mise en œuvre se sont-ils organisés ? En quoi cette organisation a favorisé ou gêné l'atteinte des objectifs ? C'est une *évaluation de processus.* (Fouquet, 2009).

L'évaluation se fait aussi « *ex post* ». Si on la fait immédiatement à l'issue d'un programme pour préparer le programme suivant (ce qui est un cas fréquent dans les programmes européens), on en mesure alors les résultats, mais pas les impacts (de moyen terme) sur la société qui n'ont pas encore eu lieu. L'évaluation d'impact cherche à apprécier le plus objectivement possible les effets du programme sur la société : quels sont les résultats mesurables ? Quels sont les effets directs ou indirects ?

L'évaluation aide les commanditaires à porter un jugement de valeur sur la politique : la politique choisie a-t-elle permis d'apporter une réponse aux problèmes à l'origine de son lancement ?

Une différence avec d'autres activités voisines est l'apprentissage collectif que permet une évaluation bien menée. Si l'évaluation permet au décideur de mieux cibler son action, elle permet aussi de former et mobiliser les acteurs en les confrontant aux résultats de leur action, en leur permettant de mieux comprendre les processus auxquels ils participent et en les aidant à réfléchir aux objectifs des politiques et à se les approprier (Ibid.). Par rapport aux activités voisines, l'évaluation a un spectre plus large : elle va plus en aval observer les conséquences de l'action publique (analyser les impacts sur la société) et remonte plus en amont vers la décision politique (pertinence des objectifs de la politique, et réorientation) ; elle cherche à établir les chaînes de causalités (imputabilité) (Ibid.).

4.2. Gouvernance publique et évaluation des politiques publiques au Cameroun : état des lieux

Au Cameroun, la culture de l'évaluation est peu développée. L'échec des réformes visant à améliorer le fonctionnement de l'administration en est une parfaite illustration, et ce n'est d'ailleurs pas une surprise ; tant l'histoire administrative de ce pays ne manque pas de tentatives avortées de réformes, non pas tant parce que le fond du projet était contestable (il arrive cependant qu'il l'ait été), mais surtout parce que le processus de mise en œuvre n'était pas à la hauteur de l'enjeu. Souvent même, la question du processus ne se pose pas, car il n'y a pas de passage à l'acte, les acteurs se comportant comme si « dire c'était faire ».

En jetant un regard rétrospectif sur 50 ans de conduite des réformes au Cameroun, David ABOUEM à TCHOYI et

Stéphane Claude M'BAFOU (2013) font plusieurs constats. Le premier est relatif au fait que les pouvoirs publics ont confondu production normative et réforme, comme si produire les lois et règlements suffisait en soi à changer la société. Bien avant nos deux auteurs, le sociologue Michel CROZIER (1979) soutenait avec pertinence et à juste titre qu'« on ne change pas la société par décret ».

Selon ABOUEM à TCHOYI et M'BAFOU (Ibid.), les réformes menées au Cameroun l'ont été en l'absence d'une vision cohérente et d'un cadre stratégique de référence et de suivi. Ce qui, pour les deux auteurs, a conduit chaque département ministériel à engager et à gérer ses réformes de manière solitaire, avec parfois l'appui du Secrétariat Permanent à la Réforme Administrative (SPRA), que les deux auteurs qualifient de « cavalier sans monture ».

Poursuivant leur argumentaire, les deux auteurs estiment que le succès attendu des réformes a été handicapé par plusieurs facteurs, notamment : (i) le manque de définition du ou des problèmes qui fondent la réforme ; (ii) la non-identification des facteurs susceptibles d'entraver les réformes, comme la complexité juridique, le manque de cohérence et de clarté de la réforme, l'absence de préparation psychologique des acteurs concernés, une mauvaise communication sur la réforme, l'absence d'un système d'évaluation ; (iii) le manque de suivi-évaluation des réformes.

Empruntant à Gérard TIMSIT, les deux auteurs pensent que la conduite des réformes au Cameroun souffre de deux types de maux : la « sur-rationalisation[15] » de l'objet auquel

[15] La sur-rationalisation c'est ce qui se produit quand on voit dans l'administration ce qu'elle n'est pas, c'est-à-dire, quand on la perçoit comme une administration hiérarchique, verticale, monolithique, unitaire alors qu'elle est en réalité un agrégat composite de segments hétérogènes ayant chacun leur politique et leur rationalité ainsi que des rationalités conflictuelles, que le réformateur ignore ou veut ignorer désireux de se persuader qu'il suffit de vouloir pour pouvoir.

s'appliquent les réformes et la « sous-rationalisation[16] » des stratégies utilisées pour réformer l'objet ainsi défini.

Selon David ABOUEM à TCHOYI et Stéphane Claude M'BAFOU (2013) dont nous partageons la trajectoire analytique, « les nombreuses initiatives et réformes et en dépit des progrès enregistrés, l'action de l'administration camerounaise et son mode de fonctionnement présentent encore de sérieuses lacunes ». D'après les deux auteurs, « les citoyens camerounais n'arrivent pas toujours à sentir l'impact des réformes sur la qualité globale du service public ». Selon les deux auteurs, cette situation a plusieurs explications :

1) L'administration camerounaise est restée une « administration du quotidien », où les tâches administratives l'emportent largement sur les fonctions de planification et de gestion prospective. Ainsi, elle exécute des missions sans objectifs de qualité ni obligation de résultat. Cet état de fait explique au reste le faible recours à l'évaluation des politiques publiques ;

2) Les structures administratives sont peu adaptées. Elles prolifèrent sans s'inscrire dans une stratégie normative de création. Il en résulte parfois une lourdeur, voire une redondance des organigrammes, source de chevauchements et parfois de conflits d'attribution ou de compétence. Certains organigrammes au demeurant ne sont en cohérence ni avec la taille, ni avec les moyens, les capacités ou les besoins des structures auxquelles ils s'appliquent ;

3) Les procédures administratives sont longues, multiples, compliquées et coûteuses pour l'usager, ce qui ne joue pas en faveur de la transparence ;

[16] La sous-rationalisation est présente quand, ayant cru qu'il suffisait de vouloir pour pouvoir, on imagine de surcroît qu'il suffit de vouloir pour toujours produire tous les résultats et les seuls résultats que l'on avait voulu.

4) L'effort de simplification des procédures est très largement insuffisant et l'automatisation des services s'est limitée (en faible proportion) aux administrations ''qui rapportent'' (administration fiscale, administration des douanes) ;

5) La gestion des ressources humaines de l'État est peu rationnelle. Il n'existe pas de gestion prévisionnelle des emplois et des compétences, d'où l'inadéquation entre la formation et le poste occupé ainsi que l'inadéquation entre les effectifs et les besoins ;

6) La formation continue des personnels de l'Etat est imparfaite (Abouem à Tchoyi et M'bafou, 2013). À titre d'illustration, les seuls exemples connus de renforcement des capacités de l'ensemble des Préfets du Cameroun se sont déroulés respectivement en 1967, 1987, et 2010/2011. De plus, il faut relever l'absence d'un plan directeur de formation de la fonction publique. Surtout, l'identification des besoins en formation n'est pas rigoureuse, lorsqu'elle existe. La fonction publique est ainsi réduite à subir les effets d'une formation mal coordonnée et non planifiée ;

7) L'absence de congruence entre les textes d'une part, les faits et les pratiques d'autre part, constitue un autre problème fondamental. En effet, certaines structures ou agences importantes, de par leurs attributions, ne sont pas convenablement utilisées. C'est notamment le cas des inspections générales qui existent dans tous les ministères depuis 1988, pour un bilan qui demeure contrasté. De la même manière, nombre d'organismes consultatifs qui jouent un rôle important aussi bien au niveau de la conception qu'à ceux du suivi et du contrôle restent en hibernation pendant de longues années. Le cas le plus préoccupant est celui du Conseil Economique et Social, organe constitutionnel, qui n'a pas été convoqué depuis 1983, année de sa dernière réunion, et dont le mandat des membres nommés en 1980 a expiré depuis 1985 (Ibid).

Au vu du diagnostic fait supra, nous sommes fondés à penser qu'il faut une amélioration conséquente de la conduite des réformes et, par extension, des politiques publiques au Cameroun. Cette conduite des réformes doit fondamentalement passer par la prévention de leur échec ainsi que par le renforcement de leur pilotage et de leur évaluabilité. Piloter c'est maintenir le cap dans la durée jusqu'à ce que les objectifs soient atteints. Améliorer le pilotage des réformes au Cameroun ne revient pas simplement pour l'État camerounais à changer de rôle, mais à mieux remplir son rôle dans une société qui change. Cela implique donc du courage, un engagement et surtout de la méthode. Le changement part d'une réflexion stratégique (capacité à anticiper), il suppose une impulsion politique, un effort de planification et la recherche de l'adhésion. Dans tous les cas de figure, le changement pour s'opérer a besoin de "sens".

Réformer signifie avoir préalablement pris le temps de circonscrire les enjeux, obtenir toute l'information disponible, identifier les secteurs, les domaines, les interactions entre les différents acteurs, le montage optimal des stratégies de mise en œuvre, les mécanismes d'évaluation, etc. Réformer c'est réussir le pari de bousculer à la fois les habitudes et les certitudes, supprimer les avantages, bouleverser l'ordre existant, modifier ou menacer le confort de plusieurs acteurs, etc.

À ce propos Stéphane Claude M'BAFOU(2013) soutient avec efficacité que « Le succès d'une réforme dépend surtout de sa pertinence, c'est-à-dire de son adéquation au problème posé ». Autrement dit la conception d'une réforme suppose dès lors une phase de préparation destinée à éliminer les sources possibles d'erreurs. Il s'agit d'identifier les dysfonctionnements administratifs, de cerner les facteurs qui en sont la cause et d'élaborer des solutions permettant de les résoudre.

Toute réforme implique donc la production d'informations et la mobilisation de connaissances en vue d'établir un diagnostic approprié et de définir les orientations souhaitables. À ce sujet, Stéphane Claude M'BAFOU (Ibid.) observe à juste titre que « le coût de la préparation d'une réforme est infinitésimal par rapport au coût de la réforme elle-même. D'où tout le sens des politiques foncières qui seules peuvent servir de véritables substrats aux réformes foncières, qui doivent être le fruit des concertations pluri acteurs. Ce n'est que grâce à une démarche de concertation et de gouvernance inclusive que les projets de société se construisent sur des bases durables.

Conclusion

L'évaluation des politiques publiques est un outil d'aide à la décision publique. L'évaluation s'inscrit dans une logique d'efficacité des politiques publiques en termes de résultat. Le manque d'évaluation dans l'élaboration des politiques publiques au Cameroun explique sans doute l'inefficacité de plusieurs réformes jusque-là engagées par l'État. Entre autres réformes, nous pouvons évoquer les réformes foncières qui ont été engagées sans leur substrat qu'est la politique foncière, ainsi que la réforme administrative.

Réformer c'est réussir le pari de bousculer à la fois les habitudes et les certitudes, supprimer les avantages, bouleverser l'ordre existant, modifier ou menacer le confort de plusieurs acteurs, etc. À cet effet, Stéphane Claude M'BAFOU(2013) pense que : « Le succès d'une réforme dépend surtout de sa pertinence, c'est-à-dire de son adéquation au problème posé ». Selon l'auteur, la conception d'une réforme suppose dès lors une phase de préparation destinée à éliminer les sources possibles d'erreurs. Il s'agit, dit-il, d'identifier les dysfonctionnements administratifs, de cerner les facteurs qui en sont la cause et d'élaborer des solutions permettant de les résoudre. Toute réforme implique donc la production d'informations et la mobilisation de connaissances en vue d'établir un diagnostic approprié et de définir les orientations souhaitables […]. M'BAFOU pose avec efficacité que « le coût de la préparation d'une réforme est infinitésimal par rapport au coût de la réforme elle-même ; une raison majeure pour ne pas négliger les investissements en amont, afin d'éviter l'échec en aval».

Conclusion générale

Le principal but de ce travail est de mettre en relief la vulnérabilité des groupes sociaux défavorisés tant en zones urbaines que rurales au Cameroun. Vulnérabilité induite par le caractère problématique de la gouvernance publique qui y prévaut. Gouvernance caractérisée par la marginalisation des franges sociales pauvres, du fait de la conduite lacunaire des politiques publiques. Politiques publiques caractérisées par l'impréparation, le manque de suivi et l'absence d'évaluation. Ce qui explique des résultats mitigés qui tranchent avec la réalité sur le terrain. Ces populations vulnérables vivent dans des conditions plus que difficiles : 1) Difficultés d'approvisionnement en eau de boisson salubre et en électricité ; 2) Difficultés pour se nourrir et/ou se soigner ; 3) Difficultés de conserver leurs terres en zones rurales à cause des pressions exercées par l'État ; 4) Difficultés de se loger, etc. Ceci expliquant cela, cette situation est à l'origine de la densification du phénomène migratoire qui induit une urbanisation anarchique dans les grandes villes (prolifération de l'habitat spontané et précaire, occupation de la voie publique, maladie, insécurité, etc.).

De manière globale, ce travail est une invite à une gouvernance foncière pluri-acteurs au Cameroun et une exhortation à rompre avec la gouvernance bureaucratique et exclusive dont les décisions sont très souvent tributaires des facteurs techniques. La prise en compte du facteur humain est importante. Ce travail vise également à mettre en relief la diversité des intérêts présents et des rapports de pouvoir dans le processus de construction de l'action collective (création de partenariats et de coordinations) (Brullot, Maillefert et

Joubert, 2014), dans la perspective du développement durable.

Le développement durable passe par d'importants progrès dans le pilotage de l'action collective. Les indicateurs de développement durable se situent à différents niveaux dans la chaîne des objectifs qui va des décisions politiques concrètes jusqu'à leurs finalités ultimes en passant par différentes étapes et objectifs intermédiaires. Ils cherchent à rendre compte à la fois des efforts accomplis et de l'avancement des actions, à évaluer les effets produits par ces actions, à mesurer le degré d'atteinte des différents objectifs et à prendre la mesure des problèmes qui restent à résoudre (Perret, 2009). Un élément commun aux pratiques de gouvernance concerne la question des processus de mise en œuvre, voire d'élaboration des décisions, faisant référence à la participation des acteurs. GAUDIN(1998) parle de « processus de coordination multi-niveaux et multi-polaires » ; LE GALES (2006) fait référence à un « processus de coordination d'acteurs, de groupes sociaux et d'institutions, en vue d'atteindre des objectifs définis et discutés collectivement » ; PECQUEUR (2000) évoque « un processus institutionnel et organisationnel de construction d'une mise en compatibilité des différents modes de coordination entre acteurs géographiquement proches, en vue de résoudre les problèmes productifs inédits posés aux territoires » ; LEROUX (2002) insiste sur la nécessité d'une « coordination située qui se construit par la mise en cohérence des dispositifs ou modes de coordination pluriels en vue d'une coordination d'ensemble » ; et enfin, LARDON et al., (2008) évoquent la notion de « co-production d'un destin collectif » et précisent que « l'enjeu de ces dispositifs est d'organiser la discussion, les échanges, la coordination entre les différents acteurs concernés, tant institutionnels que locaux, individuels ou collectifs, pour convenir d'objectifs communs, produire des normes acceptées et légitimées, les traduire en règle et les mettre en application ». L'accent est mis sur la dimension consensuelle et construite des processus de décision et de mise en œuvre (Brullot, Maillefert et Joubert, 2014).

Cette démarche prémunit contre la survenue des conflits ou des contestations qui pourraient naitre de l'insatisfaction d'une frange de la population se sentant marginalisée. En effet, les conflits sont généralement un mode d'expression. Une invite à plus de considération. Les conflits constituent souvent une opportunité de prise de parole pour des acteurs ou des groupes se sentant négligés par les structures de gouvernance ou les arbitrages rendus (Torre et Caron, 2005, Torre, 2012 et 2014).

Ces conflits sont très souvent qualifiés de « mobilisations localisées » (Dechezelles et Olive, 2016), dans le sens où ils traduisent un désaccord sur la destinée d'un lieu, manifesté collectivement par des habitants, des usagers, des acteurs socio-économiques et/ou des militants qui s'opposent à une action publique. Ces conflits visent très souvent à engager des opérations pragmatiques autant que réflexives destinées à rendre acceptables les motifs de lutte, et permettant d'avancer dans la construction d'un bien commun (Ibid.).

Ce qui se joue dans ces mobilisations, c'est surtout la revendication de participation à l'action publique, dans la triple acception d'y prendre une part active, d'y contribuer et d'en recueillir des bénéfices. Les conflits sont révélateurs d'antagonismes sociaux. Ils constituent tout d'abord des postes d'observation privilégiés dans la mesure où ils agissent comme révélateurs de phénomènes qui, en temps ordinaire, passent inaperçus parce qu'allant de soi (Ibid.). Les conflits éclairent sur les processus de légitimation des collectifs ou de groupes sociaux faisant valoir leur attachement à des lieux ou revendiquant différentes formes d'occupation de l'espace, des usages ponctuels jusqu'à l'habitat permanent. Les conflits sont aussi catalyseurs de tensions, de rapports de force ou de domination, que les références incantatoires à des espaces largement idéalisés tels que le « territoire », le « village » ou le « quartier » tendent à occulter » (Ibid.).

Si l'opposition aux projets peut, dans certaines situations, favoriser des rapprochements sur des bases localisées, elle accentue aussi souvent des clivages sociaux, créant parfois des fractures qui perdurent et se réactualisent dans des conflits postérieurs – au point de former des « trames conflictuelles. Révélateurs, catalyseurs, les conflits sont aussi souvent des moments où se renforcent les sentiments d'appartenance aux lieux disputés, où se réactivent et se réinventent des mémoires locales, où se consolident des sociabilités, bref, où se fabriquent ce que certains géographes appellent des «territorialités »(Ibid.). Et si la plupart des spécialistes de la question explorent dans leurs travaux les voies de leur régulation ou de leur évitement, d'autres n'hésitent pas à en souligner les vertus dans les dynamiques localisées et l'expression démocratique des oppositions. » (Dechezelles et Olive, 2016).

Il est admis en doctrine que les revendications formulées par les groupes minoritaires ou par les peuples autochtones « correspondent essentiellement à des demandes d'intégration, de pleine participation à la société dans son ensemble ». Ces revendications sont, de ce fait, vectrices de stabilité, pour autant qu'elles sont examinées de bonne foi. Will KYMLICKA (Cité par Mouangue Kobila, 2009) pense à propos que « considérer qu'elles constituent une menace pour la stabilité ou la solidarité est non seulement illégitime, mais reflète souvent une ignorance ou une intolérance à l'égard de ces groupes » (Mounague Kobila, 2009).

James MOUANGUE KOBILA (2009) reconnaît à juste titre que « La protection des minorités et des populations autochtones apparaît aussi comme un facteur de paix sociale. En tant que réponse à l'appel de justice des minorités et des populations autochtones, la protection spéciale qui leur est destinée garantit la réalisation de la vie sociale dans sa plénitude en apportant ordre et agencement à la pluralité […]. À l'opposé, il est constant que toute injustice vis-à-vis d'un quelconque segment du démos qui constitue la population d'un État est potentiellement source de désordre et constitue, de ce fait, une menace pour la vie sociale qui pourrait sombrer dans l'arbitraire, les conflits ou dans l'anarchie ». George BURDEAU (Cité par Abouem à Tchoyi et M'bafou, 2013) soutient à propos que « le rôle de l'État est de construire la permanence, la pérennité, la stabilité du pouvoir politique. Même si le changement ne lui est pas naturel, il lui est cependant indispensable, s'il veut mieux assurer ses missions dans un environnement que modifie l'évolution des attentes des citoyens » (Abouem à Tchoyi et M'bafou, 2013).

Bibliographie

I. Ouvrages

ABOUEM à TCHOYI David, M'BAFOU Stéphane Claude, *50 ans de réforme de l'État au Cameroun : Stratégies, bilans et perspectives,* Paris, L'Harmattan, 2013.

AERTS Jean-Joel, COGNEAU Denis, HERRERA Javier, DE MOBCHY Guy, ROUBAUD François, *L'économie camerounaise*, Paris, Karthala, 2000

ALGAN Yann, CAHUC Pierre, ZYLBERBERG André*, La fabrique de la défiance,* Paris, Albin Michel, 2012.

ALTER Norbert, *Les logiques de l'innovation* : Approche pluridisciplinaire, Paris, La Découverte, 2002.

ALPE Yves, LAMBERT Jean-Renaud, BEITONE Alain, PARAYRE Sandrine, DOLLO Christine, *Lexique de sociologie*, Paris, Dalloz, 2010.

ALLIOT Michel, LE ROY Étienne, Repenser les droits africains pour le XXIe siècle, Yaoundé, éd. Menaibuc, 2001.

ALLIOT Michel, *Le droit et le service public au miroir de l'anthropologie*, Paris, Karthala, 2003.

AMBOULOU Hygin Didace, *Le Droit des collectivités locales au Congo,* Paris, L'Harmattan, 2010.

AMOUZOU E, Le mythe du développement durable en Afrique noire, Paris, L'Harmattan, 2010.

ATANGANA AMOUGOU Jean-Louis, *Le Cameroun et le droit international*, A. Pedone, 2014

AZOULAY Gérard, *Les théories du développement : Du rattrapage des retards à l'explosion des inégalités,* Rennes, Presses Universitaires, 2002.

BACQUE Marie-Hélène, REY Henri, SINTOMER Yves, *Gestion de proximité et démocratie participative*, Paris, La Découverte, 2005.

BACHELET Michel, *Systèmes fonciers et réformes agraires en Afrique noire*, Paris, L.G.D.J, 1968.

BAGAOUI Rachid, SOUMAHORO Moustapha, *Développement Local en Afrique subsaharienne : une compréhension à travers des études de cas*, Paris, L'Harmattan, 2014.

BAUDELLE Guy, *Géographie du peuplement 3e édition*, Paris, Armand Colin, 2000, 2003, 2016.

BAYART J.-F, MBEMBE Achille, TOULABOR, *Le politique par le bas en Afrique*, Paris, Karthala, 1992.

BEAUR Gérard, *Le marché foncier à la veille de la révolution*, Paris, Éditions de l'Ecole des Hautes Etudes en Science Sociales, 1984.

BELLON BERTRAND, *L'innovation créatrice, Paris, Economica,* 2002.

BOUTINET Jean-Pierre, *Anthropologie du projet*, Paris, PUF, 1990.

BUSSMANN Werner, KLÖTI Ulrich, KNOEPFEL, *Politique publiques : Evaluation*, Paris, Economica, 1998.

BLANC-PAMARD Chantal, CABREZY Luc, Dynamique des systèmes agraires : terre, terroir. Les tensions foncières, Paris, éd. Colloques et séminaires, 1995.

BLOCH Marc, *La terre et le paysan : Agriculture et vie rurale aux 17è et 18è siècles,* Paris, Armand Collin, 1999.

BOPDA Athanase, *Yaoundé et le défi camerounais de l'intégration : à quoi sert une capitale, 2003*

CHABAS Jean, *La propriété foncière en Afrique noire*, Paris, 1957.

CHAUVEAU Jean-Paul, *« Jeu foncier, institutions d'accès à la ressource ; une étude de cas*

CEFAÏ Daniel, TROM Danny, *Les formes de l'action collective : mobilisations dans les arènes publiques*, Paris, Editions de l'EHESS, 2001.

CEFAÏ Daniel, *Pourquoi se mobilise-t-on ? : Les théories de l'action collective*, Paris, La Découverte, 2007.

COENEN-HUTIER Jacques, *Sociologie des élites*, Paris, Armand Colin, 2004.

CHOPPIN Katia, GARDELLA Edouard, *Les sciences sociales et le sans-abrisme*, Saint-Etienne, 2012.

CHOUAIBOU MFENJOU Modeste, *L'Afrique à l'épreuve du développement durable,* Paris, L'Harmattan, 2002.

COLONOMOS Ariel, *La politique des oracles : Raconter le futur aujourd'hui*, Paris, Albin Michel, 2014.

COLIN Jean-Philippe, LE MEUR Pierre-Yves, LEONARD Eric, *Les politiques d'enregistrement des droits fonciers : Du cadre légal aux pratiques locales*, Paris, Karthala, 2009.

COTULA Lorenzo, VERMEULEN Sonja, LEONARD Rebeca, KEELEY James, *Land grab or development opportunity : Agricultural investment and international land deals in Africa*, London/Rome, IIED/FAO/IFAD, 2009.

CHOUQUER Gérard, *La terre dans le monde romain : anthropologie, droit, géographie*, Paris, Éditions Errance, 2010

COUBRILO Miliça, GOISLARD *Catherine, Bibliographie et lexique du foncier en Afrique noire*, Paris, Karthala, 1998.

COULIBALY Chéibane, *Problématique foncière et gestion des conflits en Afrique noire Tome I : Des indépendances à la faillite des dictatures, 1960-1990*, Paris, L'Harmattan, 2015.

COLIN Jean-Philippe, LE MEUR Pierre-Yves, LEONARD Eric, *Les politiques d'enregistrement des droits fonciers : Du cadre légal aux pratiques locales*, Paris, Karthala, 2009.

COTULA Lorenzo, VERMEULEN Sonja, LEONARD Rebeca, KEELEY James, *Land grab or development opportunity : Agricultural investment and international land deals in Africa*, London/Rome, IIED/FAO/IFAD, 2009.

CHOUQUER Gérard, *La terre dans le monde romain : anthropologie, droit, géographie*, Paris, Éditions Errance, 2010

COUBRILO Miliça, GOISLARD *Catherine, Bibliographie et lexique du foncier en Afrique noire*, Paris, Karthala, 1998.

COULIBALY Chéibane, *Problématique foncière et gestion des conflits en Afrique noire Tome I : Des indépendances à la faillite des dictatures, 1960-1990*, Paris, L'Harmattan, 2015.

CROUSSEB, LE BRIS E, LE ROY E, *Espace disputés en Afrique noire : Pratiques foncières locales,* Paris, Karthala, 1986.

CROZIER Michel, FRIEDBERG Erhard, *L'acteur et le système*, Paris, Seuil, 1977

DAHOU Tarik, *Libéralisation et politique agricole au Sénégal*, Paris, Karthala, 2008.

DEGRANGE Jean-Jacques, *Construisons une Démocratie Participative*, Paris, Alotime Éditions, 2006.

DEPEAU Sandrine, RAMADIER Thierry, *Se déplacer pour se situer : places en jeu, enjeux de classes*, Rennes, Presses Universitaires, 2011.

DELVIGNE LAVIGNE P, *Quelles politiques foncières pour l'Afrique rurales ?, Paris, Karthala, 1998.*

DELVILLE LAVIGNE P, TOULMIN C, SAMBA TRAORE, *Gérer le foncier rural en Afrique de l'Ouest : Dynamiques foncières et interventions publiques, Paris, Karthala, 2000.*

DEVEZE Jean-Claude, *Défis agricoles africains*, Paris, Karthala, 2008.

DIALLO Ibrahima, *Le droit des collectivités locales au Sénégal,* Paris, L'Harmattan, 2007.

DUDLY Kathryn Marie, *Debt and Dispossession: Farms Loss in America's Heartland*, The University of Chicago Press, 2000.

DUFAUX Frédéric, PHILIFERT Pascale, *Justice spatiale et politiques territoriales*, Paris Ouest, Presses universitaires, 2013.

DUGAS de la BOISSONNY Christian, *Terre, Forêt et Droit,* Nancy, Presses Universitaires, 2006.

DI MEO Guy, *Introcduction à la géographie sociale*, paris, Armand Colin, 2014

DUBLET François, *Inégalités et justice sociale*, Paris, La découverte, 2014

DUCROUX Anne-Marie, *Les nouveaux utopistes du développement durable,* Paris, Éditions Autrement, 2003.

DWIGHT H.Perkins, RADELET Steven, David L.Lindauer, *Économie du développement*, Paris, De Boeck, 2008.

EBANG MVE Urbain Noël, *Le titre foncier au Cameroun : Recherche sur la spécificité d'un acte administratif unilatéral,* Paris, L'Harmattan, 2011.

ELA Jean-Marc, *Quand l'Etat pénètre en brousse : Les ripostes paysannes à la crise,* paris, Karthala, 1990.

ELA Jean-Marc, *La ville en Afrique noire,* Paris, Karthala, 1983.

ELIAS Norbert, The nature of African customary law, London, Manchester University Press, 1956.

ETIENNE Gilbert, *Le développement à contre-courant*, Presses de science Po, 2003.

ELONG Joseph-Gabriel, *L'élite urbaine dans le paysage agricole africain : exemple camerounais et sénégalais*, Paris, L'Harmattan, 2004.

FAUCHEUX Sylvie, *Économie des ressources naturelles et de l'environnement,* Paris, Armand Colin, 1999.

FAUCHARD Liam, MORCELLIN Philippe, *Démocratie participative : Progrès ou illusion ?* Paris, L'Harmattan, 2012.

FILLIEULE Olivier, AGRIKOLIANSKY Eric, SOMMIER Isabelle, *Penser les mouvements sociaux : Conflits sociaux et contestations dans les sociétés contemporaines,* Paris, La Découverte, 2010.

FINKEN Martin, *Gouvernance communale en Afrique et au Cameroun,* paris, L'Harmattan, 2011

FRIEDBERG Erhard, *Le pouvoir et la règle : Dynamique de l'action organisée*, Paris, Seuil, 1993.

FRANQUEVILLE A, *Yaoundé construire une capitale*, ORSTOM, Paris, collection mémoires, n° 104, 1984.

FODZO Léon, L'exclusion sociale au Cameroun, Paris, L'Harmattan, 2004.

FOTING J.M, *Compétition foncière et stratégie d'occupation des terres en pays Bamiléké (Cameroun), 1998.*

FOURCHARD Laurent, *Gouverner les villes d'Afrique : Etat, gouvernement local et acteurs privés*, Paris, Karthala, 2007.

FRESSOZ Denis, *Société rurale*, Paris, L'Harmattan, 2001.

GHADI Ahmed Mohamed, *La longue marche de l'Afrique vers l'intégration, le développement et la modernité politque*, Paris, L'Harmattan, 2009.

GENIEYS William, *Sociologie politique des élites*, Paris, Armand Colin, 2011.

GIBLIN Béatrice, *Les conflits dans le monde : Approche géopolitique 2e édition, Paris, Armand Colin, 2011, 2016.*

GIRAUD Olivier, WARIN Philippe, *Politiques publiques et démocratie,* Paris, La Découverte, 2008.

GOTTMANN Jean, *La politique des États et leur géographie*, Paris, Éditions du CTHS, 2007.

GUINCHARD Serges, DEBARD, *Lexique des termes juridiques 24e édition 2016-2017*, Paris, Dalloz, 2016.

GREGOIRE Luc-Joel, KANE Abdoulaye Racine, KACOU Albéric, *L'Afrique et les défis de la gouvernance*, Paris, Maisonneuve & Larose, 2008.

GARRIER Claude, *Côte d'Ivoire et zone OHADA : gestion immobilière et droit foncier urbain*, Paris, L'Harmattan, 2007.

GOERG Odile, *Pouvoirs locaux et gestion foncière dans les villes d'Afrique de l'Ouest*, Paris, L'Harmattan, 2006.

GUIFFO Jean Philippe, *Le titre foncier au Cameroun*, éd. de L'ESSOAH, 2005.

GRIDAUH, *Droit de l'Aménagement, de l'Urbanisme, de l'Habitat*, Paris, Le Moniteur, 2014.

HIBOU Béatrice, *Anatomie politique de la domination*, Paris, La Découverte, 2011.

HUGON Philippe, *L'économie de l'Afrique,* Paris, La Découverte, 2013.

JACQUEMOT Pierre, *Économie politique de l'Afrique contemporaine*, Paris, Armand Colin, 2013.

JACOB Jean-Pierre, LE MEUR Yves, *Politique de la terre et de l'appartenance : Droits fonciers et citoyenneté locale dans les sociétés du Sud*, Paris, Karthala, 2010.

JANIN P, *L'avenir des planteurs camerounais*, Paris, Karthala, 1999.

KAIMWA MANENO Bruno, *Pour une démocratie concertée en Afrique noire,* Paris, L'Harmattan, 2016.

KAMDEM SIMEU Michel, TCHAWA Paul, JANIN Pierre, *Pour une géographie du développement*, Paris, Karthala, 2012.

KIRAT Thierry, TORRE André, *Territoires de conflits : Analyse des mutations de l'occupation de l'espace*, Paris, L'Harmattan, 2008.

KLEIN Juan-Luis, LAVILLE Jean-Louis, MOULAERT Frank, *L'innovation sociale*, Toulouse, Erès, 2014.

KLINGER Myriam, L'Inquiétude et le désarroi social, Paris, Berg International, 2011.

KUBLER Daniel., MAILLARD Jacques, *Analyser les politiques publiques,* Grenoble, Presses Universitaires, 2009.

KOUASSIGAN ADJETE Guy, *L'homme et la terre : Droits fonciers coutumiers et droit de propriété en Afrique occidentale*, Paris, O.R.S.T.O.M, 1996.

KUENGIENDA Martin, Crise de l'Etat en Afrique et modernité politique en question, Paris, L'Harmattant, 2008.

LACHAUD Jacques, *Les droits du propriétaire rural : Appropriation-Transmission-Défense,* Éditions France Agricole, 1999.

LACIRIGNOLA Cosimo, *Terre et Mer : Ressources vitales pour la méditerranée*, Paris, L'Harmattan, 2015.

LE BRETON David, *L'interactionnisme symbolique*, Paris, PUF, 2004.

LE BRIS Émile, LE ROY Etienne, MATHIEU Paul, *L'appropriation de la terre en Afrique noire : Manuel d'analyse, de décision et de gestion foncière,* Paris, Karthala, 1991.

LE ROY Etienne, KARSENTY Alain, BERTRAND Alain, *la sécurisation foncière en Afrique (pour une gestion viable des ressources renouvelables),* Paris, Karthala, 1996

LE ROY Étienne, *La terre de l'autre : une anthropologie des régimes d'appropriations foncières*, Éditions LGDJ, Collection droit et société, Paris, 2011.

LE ROY Etienne, BOUJU Jacky, *Prendre en compte les enjeux fonciers dans une démarche d'aménagement*, Paris, GRET, 2004.

LEMIEUX Vincent, *L'Étude des politiques publiques : les acteurs et leur pouvoir, 2e édition*, Laval, Presses de l'Université, 2002.

LEVY Marc, *Comment réduire pauvreté et inégalités : pour une méthodologie des politiques publiques*, Paris IRD-Karthala, 2002.

LOROT PASCAL, THUAL François, *La géopolitique, 2e* édition, Paris, Editions Montchrestien, 2002.

LLOKI Auguste, *Le droit des parcelles de terrain au Congo : L'immatriculation des parcelles de terrain Tome 2*, Paris, L'Harmattan, 2012.

LLOKI Auguste, *Le droit des parcelles de terrain au Congo Tome 1*, Paris, L'Harmattan, 2010.

MADJARIAN Grégoire, *L'invention de la propriété, de la terre sacrée à la société marchande*, Paris, L'Harmattan, 1991.

MAGRIN GERAUD, *Voyage en Afrique rentière : une lecture géographique des trajectoires du développement,* publication de la Sorbonne, 2013.

MATTEUDIEmmanuel, *Les enjeux du développement local en Afrique. Ou comment penser la lutte contre la pauvreté*, Paris, L'Harmattan, 2012.

MELOT Romain, TORRE André, *Conflits d'usage dans les espaces ruraux et périurbains,* Économie rurale n° 332, Novembre 2012.

MEILLASSOUX Claude, Femmes, greniers et capitaux, Paris, Maspéro, 1975.

MIMCHE Honoré, Dynamique d'insertion résidentielle des migrants à la périphérie de Yaoundé, France Editions des archives contemporaines, 2009.

MOHAMOUDOU Saïd, *Les Comores à qui la terre ?,* Paris, Karthala, 2016.

MONTELEAONE Marcello, *Le culte de la terre au pays Dogon (Mali) : Entre coutumes foncières et décentralisation,* Paris, L'Harmattan, 2013.

MULENDEVU MUKOKOBYA Richard, *Pluralisme juridique et règlement des conflits foncier en République Démocratique du Congo,* Paris, L'Harmattan, 2013.

MOUANGUE KOBILA James, *La Protection des Minorités et des Peuples Autochtones au Cameroun : Entre Reconnaissance Interne Contrastée et Consécration Universelle Réaffirmée*, Paris, Dianoïa, 2009.

MINISTÈRE DES DOMAINES DU CADASTRE ET DES AFFAIRES FONCIÈRES, *Régime foncier et domanial au Cameroun : Lois et Ordonnances, Décrets et Arrêtés, Circulaires et Instructions*, 2008.

MONNIER Eric, *Évaluation de l'action des pouvoirs publics, 2e édition augmentée*, Paris, Economica, 1992.

NAY Olivier, SMITH Andy, *Le gouvernement du compromis. Courtiers et généralité dans l'action publique,* Paris, Economica, 2003.

NGOMBA-BINDA P, *Principes de gouvernance de politique éthique*, Louvain-la-Neuve, Bruylant-Academia, 2009.

NOIN Daniel, *Géographie de la population,* Paris, Armand Colin, 1998.

NORRO Michel, *Économies africaines : Analyse économique de l'Afrique subsaharienne, 2e édition,* De Boeck université, 1998.

NORTON D. Roger, *Politiques de développement agricole : Concepts et expériences*, Rome, FAO, 2005.

NYAMA Jean-Marie, *Régime foncier et domanialité publique au Cameroun*, Presse universitaire de l'UCAC, 2012.

OFFERLE Michel, *Sociologie des groupes d'intérêt 2ime édition*, Paris, Monchrestien, 1998.

OKAMBA Emmanuel, La gouvernance, une affaire de société : Une analyse mythiumétrique de la performance, Paris, L'Harmattan, 2010

OLIVIER DE SARDAN Jean-Pierre, Anthropologie et développement : essai en socio-anthropologie du changement social, Paris, Karthala, 1995.

OTT-DUCLAUX-MONTEIL Cécile, *Exploitation forestière et droits des populations en Afrique Centrale*, Paris, L'Harmattan, 2013.

OWONA Joseph, *Droit administratif spécial de la République du Cameroun : Fonction publique, Expropriation, Biens Publics, Marchés Publics, Contentieux Administratif,* Yaoundé, EDICEF, 1985.

OWONA Joseph, *Domanialité publique et expropriation pour cause d'utilité publique au Cameroun*, Paris, L'Harmattan, 2012.

PAPADOPOULOS Yannis, *Complexité sociale et politiques publiques*, Paris, Editions Montchrestien, 1995.

PERRIN Daniel, *Les politiques de développement rural*, Paris, La documentation française, 2003.

PEMBELLET-SOUNGANI Jean-Marie, *Système institutionnels de la CEMAC : Droit communautaire,* Paris, L'Harmattan, 2016.

PREVERT Aline, *La lutte contre les discriminations : Genèse et usages d'une politique publique,* Paris, L'Harmattan, 2014.

PEYREFITTE Alain, *La société de confiance*, nouvelle édition, Paris, Odile Jacob, 1995,1998.

PIVETEAU Alain, ROUGIER Eric, NICEF-CHENAF Dalila, *Émergences capitalistes aux Suds*, Paris, Karthala, 2013.

PISANI Edgard, *Utopie foncière*, Paris, Editions du Linteau, 2009.

POLITIQUE AFRICAINE, *Politiques foncières et territoriales*, Paris, Karthala, 1986.

POUCH Thierry, *La guerre des terres : Stratégies agricoles et mondialisation,* Paris, Éditions Choiseul, 2010

POUSSOU Jean-Pierre, *La terre et les paysans en France et en Grande-Bretagne aux XVIIe et XVIIIe siècles*, Editions Bertrand Thévenot, 1999.

RAPPORT D'ÉTUDE DELA BANQUE MONDIALE, *Une politique foncière pour la croissance et la lutte contre la pauvreté*, Paris, Éditions ESKA, 2005.

ROUVIERE Catherine, *Retourner à la terre : L'utopie néo-rurale en Ardèche depuis les années 1960,* Rennes Presses Universitaires, 2015.

SIMEU KAMDEM Michel, TCHAWA Paul, JANIN Pierre, *Pour une géographie du développement*, Paris, Karthala, 2012.

STOESSEL-RITZ Josiane, BLANC Maurice, MATHIEU Nicole, *Développement durables, communautés et sociétés : Dynamiques socio-anthropologiques*, Bruxelles, P.I.E PETER LANG, 2012.

TIENTCHEU NJIAKO André, *Droits fonciers urbains au Cameroun*, Yaoundé, PUA, 2012.

TIENTCHEU NJIAKO André, *Droits réels et domaine national au Cameroun*, PUA, 2005.

THIBAUD Bénédicte, FRANCOIS Alain, *Système de production et durabilité dans les pays du Sud, Paris Karthala, 2010.*

THIOMBIANO Taladidia, *Economie de l'environnement et des ressources naturelles*, Paris, L'Harmattan, 2004.

TJOUEN Alexandre Dieudonné, *Droits domaniaux et techniques foncières en droit camerounais, (Etude d'une réforme législative)*, Paris, Economica, 1982.

THUDEROZ Christian, *Qu'est-ce que négocier ? Sociologie du compromis et de l'action réciproque,* Rennes, Presses Universitaires, 2010.

VANDERLINDEN Jacques., LE ROY Étienne, *La terre et l'homme – Espace et Ressources convoités, Entre le Local et le Global*, Paris, Karthala, 2013.

VERDIER Raymond, « Essai de socio-économie juridique de la terre dans les sociétés négro-africaines traditionnelles », Cahier ISEA, n° 95,1959

VOLLET D, HADJAB, *Manuel de l'évaluation des politiques publiques*, Versailles, Éditions Quae, 2008.

WACKNERMANN Gabriel, *Géographie du développement, Paris, Editions Ellipses, 2005.*

XIBERRAS Martine, *Les théories de l'exclusion*, Paris, Armand Colin, 1996,1998.

YACOUBA Halidou, *Justice sociale et paix en Afrique : réflexions sur les voies du droit*, Paris, L'Harmattan, 2017.

ZASK Joëlle, Participer : *Essai sur les formes démocratiques de la participation*, Lormont, LE BORD DE L'EAU, 2011.

ZUINDEAU Bertrand, *Développement durable et territoire*, Presses Universitaires du septentrion, 2010.

II. Articles

ACDIC, « La cession des terres aux entreprises étrangères : Quels enjeux pour Le développement au Cameroun ? Quelles opportunités, quels risques ? », 2009. [En ligne].https://www.acdic.net/ACDIC/documents/Cession-deterres.pps.Consulté le12/01/2017.

ADAMCZEWSKI Amandine, JAMIN Jean-Yves, LALLAU Benoît, TONNEAU Jean-Philippe,

« *Investissements ou accaparements foncier en Afrique ? Les visions des paysans et de la société civile au Mali* », Développement durable et territoires [En ligne], vol.3, n° 3 I Décembre 2012, mis en ligne le 09 décembre 2012, URL : http://developpementdurable.revues.org/9424 ; DOI. Consulté le 13/02/2017.

ANSEEUW Ward, LIZ ALDEN Wily, COTULA Lorenzo, MICHAEL Taylor, *« Les droits fonciers et la ruée sur les terres »,* iied, cirad, ILC, 2012. [En ligne]. www.landcoalition.org. Consulté le 07/03/2015.

ARCHIVES DU DOCUMENT DE LA FAO, « Le régime foncier et le développement rural : Qu'est-ce qu'un régime foncier ? », 2003, pp.1-63.www.fao.org. [En ligne]. Consulté le 17/05/2016

ARCHIVES DU DOCUMENT DE LA FAO, « Politiques de développement agricole : concepts et expérience [En ligne].www.fao.org. Consulté le 17/05/2016.

ASSAKO ASSAKO René Joly, « À propos de l'opération d'embellissement de Yaoundé, capitale d'Afrique centrale », *Les Cahiers d'Outre-Mer* [En ligne], 259 | Juillet-Septembre 2012, mis en ligne le 01 juillet 2015. URL : http://com.revues.org/6652 ; DOI : 10.4000/com.6652. Consulté le 28/03/2017.

BANQUE AFRICAINE DE DÉVELOPPEMENT, FONDS AFRICAIN DE DÉVELOPPEMENT, « Cameroun : Étude diagnostique pour la modernisation des secteurs du cadastre et des domaines », 2009, pp.1-66.

BASSERIE Vincent, D'AQUINO Patrick, « Sécurisation et régulation foncières : des enjeux aux outils. Quelques obstacles à la cohérence des politiques », janvier 2011, pp.1-4.

BATIONO Aimé Florentin, « Agrobusinessman : L'accaparement des terres est une bombe à retardement », septembre 2015. [En ligne].

www.ecodufaso.com/agrobussinessmenConsulté le 04/07/2016.

BRUNO Pierre, « *Appropriations foncières : après l'affaire Dewoo, que se passe-t-il à Madagascar ?* », Juin 2011, pp.1-9.

BRULLOT Sabrina, MAILLEFERT Muriel, JOUBERT Jérémie, « *Stratégies d'acteurs et gouvernance des démarches d'écologie industrielle et territoriale* », Développement durable et territoires [En ligne], Vol. 5, n° 1 | Février 2014, mis en ligne le 04 février 2014, pp-1-32

CHARVET Jean-Paul, « *Land grabbing* ou accaparement des terres agricoles », Encyclopaedia universalis : http//www.universalis-edu.com. Consulté le 16/08/2016.

CHAUVEAU Jean-Pierre, COLIN Jean-Philippe, JACOB Jean-Pierre, LAVIGNE DELVILLE Philippe, LE MEUR Pierre-Yves, *« Modes d'accès à la terre, marché fonciers, gouvernance et politiques foncières et Afrique de l'Ouest : Résultat du projet de recherche CLAIMS »,* Avril 2006, pp.1.97.

CERTU, « L'analyse des systèmes d'acteurs », Diagnostic de territoire, Cahier n° 1, pp.1-104.

CHOUQUER Gérard, « comprendre les acquisitions massives des terres dans le monde aujourd'hui », 2012, pp.1-11.

CHOUQUER Gérard, « Glossaire des acquisitions massives des terres (ou land grabbing), 2012, pp.1-14.

CHOUQUER Gérard, « Aspects et particularité de la domanialité en Afrique de l'Ouest », janvier 2011, pp.1-4

CHOUQUER Gerard, « Étienne Le Roy, *La terre de l'autre*. Une anthropologie des régimes d'appropriation foncière », Paris, LGDJ Lextenso, 2011, pp.1-42.

COTULA Lorenzo, « Acquisitions foncières en Afrique que disent les contrats fonciers », IIDE, 2011, pp.1-66.

COALITION RRI CAMEROUN, « Plaidoyer pour un cadre juridique du foncier et des domaines au Cameroun plus protecteur des droits et intérêts des communautés locales et des populations autochtones », juin 2015, pp.1-12.

DEBOULET Agnès, « Contrer la précarité par la sécurisation et la législation : Enjeux et opportunités dans le Monde arabe et en Egypte » pp.75-93, in *Dynamique foncière dans les pays du Sud*, Revue Tiers Monde, 2011/2 (n° 206), Paris, Armand Colin, avril-juin 2011.

DECHEZELLES Stéphanie, OLIVE Maurice, « Introduction. Lieux familiers, lieux disputés – dynamiques des mobilisations localisées », n° 238-239, Rennes, Presses universitaires, 2016, pp.7-21. Revue en ligne : URL : http://norois.revues.org/5843. Consulté le 13/04/2016.

DURAND-LASSERVE Alain, LE ROY Etienne, «La situation foncière en Afrique à l'horizon 2050 », Comité technique «Foncier & développement », janvier 2012, pp.1-158.

FRANCOIS Alain, « Gestion des ressources et politiques foncières en Ouganda », in « L'Afrique. Vulnérabilités et défis ». Collection questions de géographie, Nantes, Éditions du Temps, 2003, pp.315-332.

FRATICELLI Marta, PERDRIAULT Mathieu, « Le Cameroun et les enjeux de développement liés aux ressources naturelles » [En ligne] (2012). www.agter.org. Consulté le 20/05/2017.

FRATICELLI Marta, « De la gestion commune à la privatisation des terres et des ressources naturelles, un long processus qui commence avant l'indépendance du

Cameroun », [En ligne] mars 2012. www.agter.org. Consulté le 20/05/2017.

FONDATION FRIEDRICH EBERT Stiftung, « Plaidoyer pour une réforme du régime juridique des cessions foncières à grande échelle en Afrique centrale », Document cadre, Presse universitaire d'Afrique, 2013, pp.1-45.

GABAS Jean-Jacques, XIAOYANG Tang, «Coopération agricole chinoise en Afrique subsaharienne : dépasser les idées reçues », Perspectives n° 26 février 2014, pp.1-4.

GERBER Jean-François, « Résistance contre deux géants industriels en forêt tropicale : populations locales versus plantations commerciales d'hévéas et de palmier à huile dans le sud Cameroun », 2008, pp.1-44.

GREENPEACE, « Héraklès Farms au Cameroun : contre-exemple pour l'huile de palme », février 2013, pp.1-24.

GOGUE Tchabouré Aimé, « Gouvernance en Afrique : État des lieux », Etudes et recherches économique n° 67, Banque africaine de développement (BAD), 2001, pp.1-52.

HELLENDORFF Bruno, « Acqusitions foncières en Afrique de l'Ouest : état des lieux, moteurs et enjeux pour la sécurité », décembre 2012, pp.1-15.

HOYLE David, LEVANG Patrice, « Le développement du palmier à huile au Cameroun », avril 2012, pp.1-16.

INITIATIVE DES DROITS ET RESSOURCES, Rapport annuel, « Propriétaires fonciers ou paysans sans terre : Quel choix feront les pays en voie de développement ? », 2012-2013, pp.1-22.

IYEBI MANDJEK Olivier, KARPE Philippe, AKOA Stéphane, « Rapport final de l'Observatoire de l'acquisition des terres à grande échelle au

Cameroun », Fondation Paul Ango Ela (FPAE), juin 2015, pp.1-64.

KAMKUMO Patrice, « État de la transparence dans le secteur forestier au Cameroun », Rapport annuel 2013, pp.1-6.

KARSENTY Alain, « Les concessions forestières en Afrique Centrale : Aspects historiques, institutionnels et politiques du point de vue de la responsabilité sociale et environnementale des entreprises concessionnaires » [En ligne] septembre 2005, pp.1-40, www.agritrop.cirad.fr. Consulté le 21/05/2017.

LACROIX Isabelle, St-ARBAUD Pier-Olivier, «La gouvernance : Tenter une définition », Université de Sherbrook Vol.3, automne 2012, 1-19.

LAVIGNE DELVILLE Philippe, « La réforme foncière rurale au Benin. Émergence et mise en question d'une politique instituante dans un pays sous régime d'aide », *Revue française de science politique*, 3/2010 (Vol. 60), p. 467-491.

LASSERVE Alain-Durand, LE ROY Etienne, « La situation foncière en Afrique à l'horizon 2050 », janvier 2012, pp.1-158.

Les cahiers de la Via Campesina n° 5, « La terre, c'est la vie ! La Via Campesina et ses luttes pour la terre », mai 2013, pp.1-36.

LE ROY Etienne, « Les appropriations de terres à grande échelle et les politiques foncières au regard de la mondialisation d'un droit en crise », Droit et société 2015/1 (n° 89), pp. 193-206.

LEVANG Patrice, SEVESTRE Delphine, NDJOGUI Thomas Eric, LEONARD Eric, « Accaparements des terres ou développement ? Les « élites » du palmier à huile », juillet-aout 2015, pp.1-7

LIZ ALDEN Wily, « A qui appartiennent ces terres ? Le statut de la propriété foncière coutumière au Cameroun », éd. Fenton, février 2011, pp.1-215

Livre blanc des acteurs français de la coopération, «Gouvernance foncière et sécurisation des droits dans les pays du Sud », Synthèse, 2008, pp.1-127

L'initiative des Droits et Ressources, « Propriétaires fonciers ou paysans sans terres : quels choix feront les pays en voie de développement ? », Rapport annuel2012-2013, pp.1-40.

MBOCK Charly Gabriel, NGO-MPECK Marie Laure, KOM Dorothée, ZAMBOBELINGA Joseph-Marie, « Utilisation des résultats de la recherche dans l'action publique au Cameroun », *Revue internationale des sciences sociales*, 1/2004 (n° 179), pp. 43-51.

MADINGOU Édouard, « Les conflits liés à la gestion décentralisée des ressources forestières au Cameroun : État des lieux et perspectives », 2011. [En ligne].www.fao.org. Consulté le 12/01/2017.

MAILLEFERT Muriel, ROUSSEAU Sandrine., ZUINDEAU Bertrand, « Lectures hétérodoxes du développement durable », Développement durable et territoires [En ligne], Vol. 1, n° 3 I décembre 2010, mis en ligne le 07 décembre *2010.*URL http://developpementdurable.revues.org/8681 ; DOI:10.4000/developpementdurable.8681. Consulté le 23/05/2016.

MANSION Aurore, BROUTIN Céline, « Quelles politiques foncières en Afrique subsaharienne ? : Défis, acteurs et initiatives contemporaines », 2014. [En ligne]. www.clubdemeter.com. Consulté le 04/09/2016.

MERLET Michel, « Pourquoi un dossier sur les politiques foncières agricoles en France ? », Association pour contribuer à l'Amélioration de la Gouvernance de la Terre, de l'Eau et des Ressources naturelles *(AGTER),* septembre 2012.www.agter.asso.fr. Consulté le 25/07/2016.

MEKA'A Cosmas Bernard, « Le différentiel de revenus joue-t-il un rôle déterminant dans la migration rurale-urbaine ? Application au cas du Cameroun », *Revue d'économie du développement*, 1/2011 (Vol. 19), pp. 45-76.

MFEWOU ABDOULAYE, Migrations, dynamiques agricoles et problèmes fonciers en Afrique subsaharienne : Le périmètre irrigué de Lagdo (Nord-Cameroun) », Revue européenne de géographie, 2013. https://cybergeo.revue.org. Consulté le 06/07/2016.

Ministère des Domaines, du Cadastre et des Affaires foncières, « Guide de l'opérateur économique pour l'accomplissement des procédures foncières, Domaniales et Cadastrale en vue de la facilitation de l'accès aux droits sur la terre », Tome 2 relatif aux procédures sur le domaine national et sur le domaine privé des particuliers, Rapport définitif, avril 2012, pp.1-83.

MOHAMADOU HOUMFA, « Cameroun : les terres de la discorde louées aux Américains », 2012. [En ligne]. http://www.infosud.org. Consulté le 17/04/2016.

NDJIMBI Franck, « Les populations gabonaises face à l'insécurité foncière : Étude sur l'impact des plantations agro-industrielles de palmiers à huile et d'hévéa sur les populations du Gabon », janvier 2013, pp.1-72.

NDJOGUI Thomas Éric, LEVANG Patrice, « Nouvelles politiques foncières, nouveaux acteurs : des rapports fonciers sous tensions », Territoires d'Afrique n° 5 », 2013, pp.1-84.

NDJOGUI Thomas Eric, NDIP NKONGHO Raymond., RAFFLEGEAU Sylvain, FEINTRENIE Laurène,

LEVANG Patrice, « Historique du secteur du palmier à huile au Cameroun », 2014, pp.1-168.

NGUEMA ONDO OBIANG Samuel, PUEPI Bernard, « la problématique foncière dans les pays d'Afrique central : Cas du Cameroun et du Gabon », 2011, pp.1-15.

NGUEMA ONDO OBIANG Samuel, « La problématique foncière au Gabon et la nécessité de son ouverture vers l'extérieure ». [En ligne]. www.fig.net. Consulté le 19/04/2016.

NGUIFFO Samuel, KENFACK Pierre-Etienne, MBALLA Nadine, « Les droits fonciers et les peuples de forêts d'Afrique : Perspectives historiques, juridiques et anthropologiques », janvier 2009, pp.1-32.

NGUIFFO Samuel, SCHWARTZ Brendan, « Le treizième travail d'Héraclès ? Étude sur la concession foncière de la SGSOC dans le sud-ouest du Cameroun », 2012. [En ligne]www.cedcameroun.org. Consulté le 13/04/2016

NGUIFFO Samuel, MBALLA Nadine, « Les dispositions constitutionnelles, législatives et administratives relatives aux populations autochtones au Cameroun », 2009, pp.1-25.

NGUIFFO Samuel, KENFACK Pierre-Etienne, MBALLA Nadine, « L'incidence des lois foncières historiques et modernes sur les droits fonciers des communautés locales et autochtones du Cameroun », in les droits fonciers et les peuples des forêts d'Afrique : perspectives historiques, juridiques et anthropologiques, janvier 2009, pp.1-60

NGUIFFO Samuel, Michelle SONKOUE WATIO, « Investissements dans le secteur agro-industriel au Cameroun : Acquisition de terres à grande échelle depuis *2005 »,* Série Foncier, Investissement et Droits, 2015, pp.1-76.

NFORGANG Charles, « Chinois au Cameroun : une incompréhension foncière », Yaoundé, Syfa, janvier 2010, pp.1-20.

NKANKEU François, BRYANT Christopher, « Regards multidisciplinaires sur les conflits fonciers et leurs impacts socio-économico-politiques au Cameroun », Montréal, août 2010, pp.310-311.

NTAMPAKA Charles, « Gouvernance foncière en Afrique centrale », Document de travail sur les régimes fonciers, 2008, pp.1-65

NINI ODUNLAMI, MPOKO BOKANGA, « Zones économiques spéciales pour la production agricole et la transformation : Le cas des zones de traitement des cultures vivrières au Nigéria et des parcs agro-industriels en République démocratique du Congo », octobre 2015, pp. 1-27.

NZHIE ENGONO, Jean, « Les mouvements associatifs villageois en milieu urbain au Cameroun », in Revue camerounaise de sociologie et d'anthropologie, pp.67-96.

OUEDRAOGO Hubert, BASSERIE Vincent, « Les politiques foncières formelles et concertées : le chaînon manquant des systèmes fonciers ouest-africains ? », *juin* 2011, pp.1-4.

PITSEYS John, « Le concept de gouvernance », Revue interdisciplinaire d'études juridiques 2010/2 (Volume 65), pp.207-228.

POUGOUE, P.G, « L'empiètement matériel sur le terrain d'autrui. À propos de quelques décisions jurisprudentielles », RCD, n° 13-14,1977 p.25 et autres.

SCHONECKE Wolfgang, *« Les terres de l'Afrique. Le nouvel Eldorado »*, 2009, pp.1-4.

SCHWARTZ Brendan, HOYLE David, NGUIFFO Samuel, « Tendances émergentes dans les conflits liés à l'utilisation des terres au Cameroun : chevauchement des permis des ressources naturelles et menaces sur les aires protégées et les investissements directs étrangers », juin 2012, pp.1-20.

SEBASTIEN Léa, « L'attachement au lieu, vecteur de mobilisation collective ? Etude de cinq territoires ruraux », n° 238-239, Rennes Presses Universitaires, 2016. [En ligne] : http://noiris.revues.org. Consulté le 24/05/2016

TCHAWA Paul, « Amélioration de la gouvernance du secteur foncier au Cameroun : Mise en œuvre du Cadre d'Analyse de la Gouvernance Foncière », Yaoundé, février 2014, pp.1-119.

TCHAPMEGNI Robinson, « La problématique de la propriété foncière au Cameroun », Mbalmayo, 2005, pp.1-143.

TRANSNATIONAL INSTITUTE, « L'*accaparement des Terres* », *Justice agraire*, février 2013, pp.1-36.

TORRE André, DARLY Ségolène, « Landuse and soils disposal : From competition to territorial governance (examples from land use conflicts in the greater Paris region », septembre 2014, pp.1-12.

TORRE André, MELOT Romain, BOSSUET Luc, CADORET Anne, CARON Armelle, DARLY Ségolène, JEANNEAUX Philippe, KIRAT Thierry and Haï VU PHAM "Comment évaluer et mesurer la conflictualité liée aux usages de l'espace ? : Éléments de méthode et de repérage"[Vertigo] 101 (2010), pp.1-27.

III. Thèses

DAUVERGNE Sarah, *Les espaces urbains et périurbains à usage agricole dans les villes d'Afrique subsaharienne (Yaoundé et Accra) : une approche de l'intermédiaire en géographie*, Thèse de doctorat en géographie, ENS de Lyon, 2011.

BOCH Mathieu, *Contrôle du foncier, agricultures d'entreprise et restructurations agraires : Une perspective critique des investissements fonciers à grande échelle : Le cas de la partie centrale du Mozambique,* Thèse de doctorat en sciences économiques, mention économie du développement, Université paris Sud, 2014.

BOUSSOUGOU Alain, *La concentration des populations dans les anciens chantiers d'exploitation forestière en Afrique Centrale : Esquisse d'une anthropologie des rapports à la forêt dans les territoires recomposés au Cameroun et au Gabon*, Thèse de doctorat en anthropologie de l'Université Paris Descartes, 2012.

DJATCHO SIEFU Donald, *Gouvernance territoriale et développement industriel à Douala*, Thèse de doctorat en sciences économiques de l'Université de Grenoble, 2012.

HERAN Tamara, *Le monde invisible de l'agro-industrie d'exportation au Chili. Étude de la vallée du Limari*, Thèse de doctorat en études du développement, EHESS, 2014.

ISSOUFOU OUMAROU, *Femmes et développement local : Analyse socio-anthropologique de l'organisation foncière au Niger. Le cas de la région de Tillabery,* Thèse de doctorat en sociologie, Université de Rennes 2 – Haute Bretagne, 2008.

KOUNA ELOUNDOU Charlotte Gisèle, *Décentralisation forestière et gouvernance locale des forêts au Cameroun : le cas des forêts communales et communautaires dans la région de Est,* Thèse en géographie, Université du Maine, 2012.

MELONE Stanislas, *La parenté et la terre dans la stratégie du développement : l'exemple du sud Cameroun,*

Thèse de doctorat d'Etat en anthropologie, Université de Paris, 1968.

MPESSAAloys, *Essai sur la notion de régime juridique des biens domaniaux au Cameroun*, Thèse de doctorat en droit, Université de Paris I – Panthéon Sorbonne, 1998.

MEMPHIL NDI Evelyne Patience, *Attractivité économique des investissements directs étrangers en zone CEMAC : Harmonisation et instruments juridiques aux règles internationales, Thèse de doctorat en droit de l'université de Nice Sophia Antipolis,* 2015.

MESSE MBEGA Christian, *La Communauté économique des États de l'Afrique centrale (CEEAC) : Quelle politique de sécurité pour une organisation régionale à vocation économique ?*, Thèse de doctorat en géographie de l'Université de Reims Champagne-Ardenne, 2015.

MVELLE MINFENDA Guy, *AIDE AU DEVELOPPEMENT ET COOPERATION DECENTRALISEE : Esquisse d'une désétatisation de l'Aide française. Les cas du Cameroun, Congo, Gabon, RCA, Tchad et Rwanda, thèse de doctorat en science politique,* Université Jean Moulin Lyon 3, 2005.

NGOLLE III Patrice-Emmanuel, *La sécurité civile dans les États de la Communauté économique et monétaire de l'Afrique centrale (C.E.M.A.C.)*, Thèse de doctorat en droit public de l'Université de Montpellier, 2015.

NGOMSIK-KAMGANG Joseph, *Évolution dans la région de l'Afrique Centrale des règles foncières et d'urbanisme : l'exemple du Cameroun,* Thèse de doctorat en droit public, Université de Limoges, 2012.

NGOUMOU MBARGA Hubert, *L'action collective locale et la gestion des forêts communautaires : cas des communautés rurales de Djoum au Sud Cameroun,* Thèse de doctorat en géographie humaine, Université Bordeaux-Montaigne, 2014.

NTSAMA ETOUNDI Sabine Mireille, *Le commerce agricole entre le Cameroun et les pays de la CEMAC,* Thèse de doctorat en sciences économiques, Université d'Auvergne Clermont-Ferrand 1, 2014.

POUGOUE Paul-Gérard, *La famille et la terre : Essai de contribution à la systématisation du droit privé au Cameroun,* Thèse de doctorat d'Etat, Université de Bordeaux, 1977.

TCHAPMEGNI Robinson, *Le contentieux de la propriété foncière au Cameroun,* Université de Nantes, Thèse de droit privé, 2008.

IV. Mémoires

MARQUIS Sophie, Diagnostic agraire du bas-fond de Nkolondom, Mémoire de Master CNEARC, 2005

NGO MAHOP, B.G, *Problématique de la villagisation des quartiers de Yaoundé. Le cas de Ngousso et Mvog-Ada*, Mémoire de Maîtrise, université de Yaoundé I, 2008.

OLEMBA OLEMBA Prosper Fils, *Aménagement urbain, facteurs socio-économiques et habitat insalubre à Yaoundé*, Mémoire de Master professionnel, Institut de Formation et de Recherche démographique (IFORD), Université de Yaoundé II, 2011.

Table des matières

CAMEROUN
AUX ÉDITIONS L'HARMATTAN

Dernières parutions

LA CUISINE CAMEROUNAISE
Mots, pratiques et patrimoine
Téguia Bogni
Sous la direction de - Préface de Bruno Gain (ancien ambassadeur de France au Cameroun)

Cet ouvrage est une compilation de sept travaux de chercheurs se réclamant des disciplines ci-après : linguistique, sociologie, histoire, didactique et littérature. Certains travaux abordent des questions épistémologiques et théoriques, lesquelles ouvrent des pistes sur des sentiers encore inexplorés de la recherche en food studies au Cameroun. Toutes les études présentent la cuisine camerounaise comme une richesse méconnue dont les peuples qui la possèdent devraient, en premier, tirer profit. Ces travaux traitent donc des questions relatives à l'alimentation en sciences sociales

(Coll. Études Eurafricaines, 210 p., 22,5 euros)
ISBN : 978-2-343-16708-4, EAN EBOOK : 9782140115066

LA DIPLOMATIE MILITAIRE CAMEROUNAISE
Lionel Messia Ngong
Préface de Joseph Vincent Ntuda Ebode

Cet ouvrage, qui reflète le dynamisme de la diplomatie militaire camerounaise, contribue au développement et à la promotion de la recherche dans le domaine des études politiques et stratégiques. Il fait état de la diplomatie militaire camerounaise, tout en analysant la fondation et la formation des cadres d'orientation, d'organisation et de mobilisation des régimes organiques et coopératifs de cette diplomatie militaire.

(Coll. Emergences africaines, 248 p., 26 euros)
ISBN : 978-2-343-15011-6, EAN EBOOK : 9782140114694

ANGES ET MÉSANGES
Le temps ailé
Nouchka CAUWET

Un ange assiste à l'enterrement d'un jeune homme retrouvé mort dans le train d'atterrissage d'un avion en provenance du Cameroun. Il saisit, avant la fermeture du cercueil, la feuille d'arbre que le jeune homme gardait roulée dans la main. Sur cette feuille, une écriture. L'ange va partir à la recherche d'indices qui permettront de faire revivre L'Inconnu de Roissy. Une femme présente à l'enterrement va suivre l'ange dans sa quête. Pour comprendre l'histoire de L'inconnu de Roissy, l'ange et sa compagne devront emprunter différentes passerelles de mots, celles du présent, du passé, du rite, de la mythologie. À la fin du périple, les deux voyageurs s'interrogent sur les liens qui se tissent ou se rompent, entre mémoire et oubli.

(146 p., 15,5 euros)
ISBN : 978-2-343-16836-4, EAN EBOOK : 9782140114236

NOS ESPOIRS SUBLIMES

Poèmes

Marie Perpétue Mawui Mgbengue

Préface du Dr Jean Etienne Nti

L'auteure, dans son recueil de 35 poèmes, soulève des thématiques d'une société en pleine confusion. Elle préconise, dans cette oeuvre poétique écrite en vers libres, la préservation des valeurs telles que l'amour, l'espérance, l'effort, l'humilité, l'éducation, la détermination, la solidarité, la compétitivité, le respect de soi et du prochain précurseur d'un développement certain. Elle va aussi se pencher sur les problèmes de son continent tout en tournant son regard vers Dieu.

(Coll. Harmattan Cameroun, 86 p., 12 euros)

ISBN : 978-2-343-16804-3, EAN EBOOK : 9782140112355

JET DE MOTS

Poèmes

Séverin Mebenga

Préface de Jean Tabi Manga

Ce recueil de poèmes est une célébration particulière de la Renaissance africaine. Ses trois mouvements structurels constituent des correspondances poétiques qui touchent par le jeu, « le jet » de leur résonnance, les territoires philosophiques de l'ontologie. Le poète, revêtu de la tunique Poesis, y chante la nouvelle espérance en indiquant les chemins émergenciels d'avenir. Le monde qu'on y perçoit alors est un monde fait d'altérité.

(Coll. Harmattan Cameroun, 118 p., 14 euros)

ISBN : 978-2-343-16631-5, EAN EBOOK : 9782140110412

LAMENTATIONS INAUDIBLES

Roman

Phil Ndedi

Préface de Pascaline Ndi Ebede

Dans ce roman, l'auteur, s'appuyant sur une intrigue fort riche, nous fait vivre une tragi-comédie qui se déroule dans le village de Minlangmizeuh. L'amour que les pauvres femmes ont voué à leurs maris s'est transformé en mélancolie une fois qu'elles sont devenues veuves, ceci à cause des hommes sans coeur.

(Coll. Harmattan Cameroun, 180 p., 18 euros)

ISBN : 978-2-343-16636-0, EAN EBOOK : 9782140110221

LES BETI/BAKI AU COEUR DU CAMEROUN

Histoire récente des Betsenga (Evondo) et autres "Sanaga"

Christian Mbarga Owono

Cette étude sur le passé des Beti, leurs généalogies et leur système de valeurs présente un microcosme de la société beti dans son ensemble ; elle sera donc une ressource très utile pour qui veut connaître leur histoire, leur mode de vie, leurs rites et leur rôle éminemment important dans le Cameroun moderne.

(Coll. Littératures et cultures afro-américaines, 504 p., 42 euros)

ISBN : 978-2-343-16295-9, EAN EBOOK : 9782140109492

LES EVONDO, EHONDO, ABY ET AUTRES BETSENGA

Migrations et sédentarité du XVIIè siècle à nos jours

Christian Mbarga Owono

Cette étude raconte spécifiquement l'histoire des Evondo, clan majeur chez les Batsenga (Beti). Elle s'inscrit dans la mouvance de la philosophie du Sankofa, concept symbolisant la quête de la connaissance basée sur un examen critique, patient et intelligent du passé, pour garantir un meilleur avenir. Ce travail représente en outre un microcosme du monde beti. Contenant des arbres généalogiques de familles beti couvrant une période de plusieurs siècles, il sera d'un grand intérêt pour ceux qui veulent approfondir leurs connaissances de l'univers des Beti et des peuples africains en général.

(Coll. Littératures et cultures afro-américaines, 384 p., 38 euros)

ISBN : 978-2-343-16425-0, EAN EBOOK : 9782140109782

LA SOCIÉTÉ BETI À TRAVERS LA CULTURE ET LES GÉNÉALOGIES BETSENGA/EVONDO

Christian Mbarga Owono

Cet ouvrage examine le monde des Evondo, clan majeur batsenga, Beti authentiques, à travers ses croyances, ses traditions et ses rites dont la plupart ne sont plus pratiqués de nos jours. Il contient également un lexique quadrilingue : français-tiki (batsenga-ati)-kóló (ewondo)-anglais, agrémenté d'un petit guide de conversation. Une étude telle que celle-ci ne serait pas complète sans une liste de patronymes beti et leurs significations d'un côté, et des informations généalogiques de familles batsenga couvrant une vingtaine de générations, de l'autre.

(Coll. Littératures et cultures afro-américaines, 244 p., 25,5 euros)

ISBN : 978-2-343-16424-3, EAN EBOOK : 9782140109836

PRIX ET FISCALITÉ DES PRODUITS PÉTROLIERS AU CAMEROUN

Albert Léonard Dikoume

Préface de Henri-Désiré Modi Koko Bebey

L'auteur analyse dans les détails la formation des prix des produits pétroliers, ainsi que les mécanismes de leur imposition. Mais avant cela, il apporte en introduction générale, les informations nécessaires et indispensables à la compréhension du lecteur sur les différents acteurs qui y interviennent. La délimitation de cette analyse au Cameroun est théorique et découle du fait que les données chiffrées sont uniquement celles de ce pays. Au-delà de ces chiffres, les schémas d'analyse présentés peuvent s'appliquer à de nombreux pays, aussi bien en Afrique qu'en Europe.

(248 p., 25 euros)

ISBN : 978-2-343-16394-9, EAN EBOOK : 9782140109874

DÉMOCRATIE ROTATIVE ET ÉLECTIONS PRÉSIDENTIELLES EN AFRIQUE

Transcendance et transformation politique des conflits ethnopolitiques dans les sociétés plurielles

Célestin Tagou

Préface de Johan Galtung

« La quasi-totalité des systèmes démocratiques mis en place dans bon nombre d'États sont, en réalité, des démocraties représentatives, dans lesquelles une oligarchie confisque le pouvoir. Pour prévenir cet état des choses, Célestin Tagou, s'inspirant de l'ordre rotatif du système solaire, a pensé la démocratie rotative, pour régler la question de l'alternance politique à la tête des États aux sociétés plurielles. Ce faisant, ce concept offre une solution aux conflits politiques relatifs aux diversités ethnorégionales dans un État donné. De surcroît, ce concept apporte l'écot d'un penseur africain au fonctionnement de la science politique. » Jean-Marie Mollo Olinga, directeur de la publication L'Estafette.

(Coll. Études africaines, 222 p., 22,5 euros)

ISBN : 978-2-343-16081-8, EAN EBOOK : 9782140109010

UNE INFIRMIÈRE ALLEMANDE AU CAMEROUN 1913-1916

Traduit de l'allemand et préfacé par Gilles René Vannier

1913 : La colonie allemande du Cameroun, créée en 1884, est à son apogée. Les Allemands commencent la mise en valeur des territoires cédés par la France en 1911. 1916 : Les derniers Allemands quittent le Cameroun, chassés par les Anglais et les Français. C'est la fin de la colonisation allemande. Entre ces deux dates, une infirmière allemande de la Croix-Rouge pour les colonies, Grete Kühnhold, traverse le Cameroun pour aller lutter contre la maladie du sommeil, soigne les blessés de guerre, accompagne la retraite de femmes malades ou enceintes, avant de rentrer elle-même en Allemagne. Son témoignage nous remémore une époque décisive dans la genèse du Cameroun.

(100 p., 12,5 euros)

ISBN : 978-2-343-15393-3, EAN EBOOK : 9782140108693

ATTAQUES ET ATTENTATS DE BOKO HARAM DANS L'EXTRÊME-NORD DU CAMEROUN

Revue Kaliao

Saïbou Issa

Au sommaire de ce numéro spécial : Cartographie spatio-temporelle des attaques de Boko Haram (Gigla Garakcheme et Baska Toussia Daniel Valérie); Réponse militaire et mesures anti-kamikazes : modalités, effets et contraintes (Mbarkoutou Mahamat Henri); La prise en charge médicale des victimes de Boko Haram et la gestion du deuil en situation de psychose (Gustave Gaye); Voyager en temps d'insécurité dans l'Extrême-Nord (Sambo Armel); Boko Haram's e-jihad: interpretive of video analysis of a sociopolitical situation in Northern Cameroon and Nigeria (Ousmanou Adama).

(Coll. Harmattan Cameroun, 142 p., 16,5 euros)

ISBN : 978-2-343-15910-2, EAN EBOOK : 9782140108990

LES MÉSAVENURES DE MAN-NO-LAUGH

Théâtre

Joseph Sop

Les mésaventures de Man-no-laugh est une tragi-comédie en quatre tableaux, à portée historique, en souvenir de l'Année internationale des personnes handicapées. Dans une peinture pittoresque et émouvante, Joseph SOP agite quelques infirmités de la société pour aboutir à une réflexion poignante sur la condition humaine.

(Coll. Harmattan Cameroun, 114 p., 13 euros)

ISBN : 978-2-343-16486-1, EAN EBOOK : 9782140108532

Structures éditoriales du groupe L'Harmattan

L'Harmattan Italie
Via degli Artisti, 15
10124 Torino
harmattan.italia@gmail.com

L'Harmattan Hongrie
Kossuth l. u. 14-16.
1053 Budapest
harmattan@harmattan.hu

L'Harmattan Sénégal
10 VDN en face Mermoz
BP 45034 Dakar-Fann
senharmattan@gmail.com

L'Harmattan Cameroun
TSINGA/FECAFOOT
BP 11486 Yaoundé
inkoukam@gmail.com

L'Harmattan Burkina Faso
Achille Somé – tengnule@hotmail.fr

L'Harmattan Guinée
Almamya, rue KA 028 OKB Agency
BP 3470 Conakry
harmattanguinee@yahoo.fr

L'Harmattan RDC
185, avenue Nyangwe
Commune de Lingwala – Kinshasa
matangilamusadila@yahoo.fr

L'Harmattan Congo
67, boulevard Denis-Sassou-N'Guesso
BP 2874 Brazzaville
harmattan.congo@yahoo.fr

L'Harmattan Mali
Sirakoro-Meguetana V31
Bamako
syllaka@yahoo.fr

L'Harmattan Togo
Djidjole – Lomé
Maison Amela
face EPP BATOME
ddamela@aol.com

L'Harmattan Côte d'Ivoire
Résidence Karl – Cité des Arts
Abidjan-Cocody
03 BP 1588 Abidjan
espace_harmattan.ci@hotmail.fr

L'Harmattan Algérie
22, rue Moulay-Mohamed
31000 Oran
info2@harmattan-algerie.com

L'Harmattan Maroc
5, rue Ferrane-Kouicha, Talaâ-Elkbira
Chrableyine, Fès-Médine
30000 Fès
harmattan.maroc@gmail.com

Nos librairies en France

Librairie internationale
16, rue des Écoles – 75005 Paris
librairie.internationale@harmattan.fr
01 40 46 79 11
www.librairieharmattan.com

Lib. sciences humaines & histoire
21, rue des Écoles – 75005 Paris
librairie.sh@harmattan.fr
01 46 34 13 71
www.librairieharmattansh.com

Librairie l'Espace Harmattan
21 bis, rue des Écoles – 75005 Paris
librairie.espace@harmattan.fr
01 43 29 49 42

Lib. Méditerranée & Moyen-Orient
7, rue des Carmes – 75005 Paris
librairie.mediterranee@harmattan.fr
01 43 29 71 15

Librairie Le Lucernaire
53, rue Notre-Dame-des-Champs – 75006 Paris
librairie@lucernaire.fr
01 42 22 67 13

www.ingramcontent.com/pod-product-compliance
Lightning Source LLC
LaVergne TN
LVHW051400061026
849535LV00009B/3285
* 9 7 8 2 3 4 3 1 7 4 9 1 4 *